Karin Rainer

Jörg Linditsch

Mit Bachblüten aus der Krise

ABC der Seelenbilder

VERLAG PETER ERD München

Lektorat: Annette Nolden-Thommen
Fotos: Fotex, Hamburg und IFA, München
Zeichnungen: Jörg Linditsch

ISBN 3-8138-0406-2

Inhalt

Die Entwicklung der Bach-Blüten-Therapie

Edward Bach

Edward Bach, der am 24. September 1886 in der Nähe von Birmingham geboren wurde, zeigte schon in frühester Jugend reges Interesse an medizinischen Themen. Sein natürliches Mitgefühl für Kranke und sein starker Wunsch zu heilen, zeichneten seinen Weg vor. Er studierte Medizin und arbeitete danach als Arzt in verschiedenen Londoner Kliniken.

Während seiner Tätigkeit in einem homöopathischen Krankenhaus fand er erstmals Zugang zur Homöopathie und empfand auf Anhieb starke Sympathien für die alternative Heilmethode, die so ganz gegensätzlich zur herkömmlichen Medizin arbeitete. Die Idee der sanften Heilung entsprach seinen Ideologien und sollte sein Leben grundsätzlich verändern.

Immerwährend vom Wunsch beflügelt, neue, bessere Heilmethoden zu entwickeln, entpuppte sich die Homöopathie als geeignetes Werkzeug für Bachs Forschungen. Auf der ganzheitlichen Basis, d.h., es werden nicht nur die Symptome, sondern die Ursache einer Erkrankung behandelt, entdeckte er die Zusammenhänge zwischen verschiedenen Darmerregern und den chronischen Krankheiten, die sie verursachen. So entwickelte er nach dem homöopathischen Prinzip Impfstoffe, indem er Erregerbakterien potenzierte. Damit erzielte der Arzt außerordentliche Heilerfolge. Im Verlauf der unzähligen Thera-

Grundstein der Blütentherapie

pien mit den »Bach-Nosoden« machte er eine wichtige Entdeckung, die eigentlich den Grundstein für die spätere »Blütentherapie nach Bach« legte:

Dr. Bach erkannte, daß die Gemütslage des Patienten immer in direktem Zusammenhang mit einer bestimmten Gruppe von Darmerregern stand. Bei allen Patienten, die an ein und demselben Erreger litten, stand auch immer derselbe Gemütszustand im Vordergrund. Auf diesem Weg entwickelte Dr. Bach eine gezielte Methode, seine Patienten zu behandeln: Er verabreichte ihnen den Erreger, der ihrem Gemütszustand am ehesten entsprach und konnte damit seine Heilungserfolge steigern. Die Idee, von der er ausging, war die ganzheitliche Anschauung des Menschen, die Zusammenhänge zwischen Körper, Seele und Geist. Durch seine Versuche bestärkt, entwickelte er die Theorie, daß Krankheit vorwiegend durch seelische Unstimmigkeiten entsteht und somit ein geeignetes natürliches Mittel zur Behandlung des seelischen Potentials notwendig ist. Entsprechend lautet die Grundregel der von ihm (später) entwickelten Bach-Blüten-Therapie: »Behandle die Persönlichkeit und nicht die Krankheit«.

»Behandle die Persönlichkeit und nicht die Krankheit.«

Doch auch die Methode der Homöopathie war ihm noch zu kompliziert, denn nach seiner Meinung mußte es Heilmittel geben, die genauso einfach wie die Natur selbst sind. Außerdem störte ihn die Vorstellung, mit Erregern zu arbeiten und kein Mittel zur Verfügung zu haben, das in der Natur gewachsen ist. Dies veranlaßte ihn wiederholt, an seinen freien Tagen aufs Land zu fahren und nach geeigneten Heilmitteln Ausschau zu halten.

Die Entdeckung der ersten Bach-Blüten

Schon in seiner Jugend verbrachte er unzählige Stunden in der freien Natur. Durch seine spezielle meditative Veranlagung versuchte er zu dieser Zeit bereits, natürliche Vorgänge nicht nur mit den Augen zu erfassen, sondern sie mit der Ganzheit seiner Sinne zu empfinden. So schlug er bei der Entwicklung seiner Therapie einen sehr intuitiven Weg ein. Bei der Beurteilung einer Pflanze verließ er sich auf sein Gespür, beobachtete und berührte sie und versuchte, ihren Heilgehalt auf diese Weise zu ergründen. Auf der ständigen Suche nach den idealen Heilmitteln wurde er erstmals in Wales fündig, nachdem er unzählige Pflanzen erprobt hatte. Hier entdeckte er die ersten beiden Heilpflanzen (Impatiens und Mimulus), die seinen Vorstellungen entsprachen. Auf demselben Weg sollte er später weitere 36 Essenzen aufspüren, die bis heute unverändert die Heilmittel der Bach-Blüten-Therapie darstellen.

»Impatiens« und »Mimulus«, die ersten Bach-Blüten

Auch andere Kollegen versuchte Bach von der wunderbaren Heilkraft seiner Pflanzen zu überzeugen, erntete aber nur Hohn und Verachtung. Schließlich wandten sie sich trotz der sichtbaren Heilerfolge von ihm ab, was ihn dazu veranlaßte, das traditionelle Medizinerleben aufzugeben und sich aufs Land zurückzuziehen. Von diesem

Die Bach-Blüten-Palette besteht aus 38 Essenzen

Zeitpunkt an widmete er sich ausschließlich seiner Blütentherapie und vervollständigte in den folgenden Jahren die Reihe der Essenzen, die für seine Therapie von Nutzen waren. Nach der 37. Pflanze fand der Arzt schließlich das letzte Heilmittel - »Rock Water« -, das Wasser aus einer Felsenquelle.

Zur Vereinfachung werden alle 38 Essenzen als Bach-Blüten bezeichnet, obwohl sie nicht ausschließlich aus Blüten hergestellt werden.

Geist, Körper und Seele sind eine Einheit

Schon während seines Medizinstudiums befaßte sich Bach mit den Schriften von Hippokrates und Paracelsus, die Meilensteine zur Entwicklung der Medizin legten. Mit ausschlaggebend dafür waren die Betrachtungsweise des Menschen und die Methodik der klassischen Medizin, die sich nicht mit seinen Vorstellungen von Heilung deckten.

Zusammenspiel von Geist, Körper und Seele

Es schien ihm nie verständlich, wie ein Behandeln von Krankheitssymptomen, das lediglich die äußeren Erscheinungen verschwinden läßt, zur dauerhaften Heilung führen kann. Er war überzeugt, eine Krankheit nur dann besiegen zu können, wenn das harmonische Zusammenspiel von Geist, Körper und Seele wieder hergestellt wird. Die Erkenntnis, daß der Mensch in seiner Gesamtheit betrachtet und behandelt werden muß, festigte sich durch die Heilerfolge, die er in den späteren Jahren erzielen konnte.
Bald konzentrierte Dr. Bach die homöopathische

Therapie auf die Gemütszustände und Charakterbilder seiner Patienten, denn er kam immer mehr zu der Ansicht, daß die Seele des Menschen eine höhere, göttliche Ordnung einnimmt. Er beobachtete seine Patienten akribisch und stellte fest: Auch wenn verschiedene Patienten an derselben Krankheit leiden, zeigen sie dennoch andersartige psychische Symptome. So entwickelte er eine Therapieform, bei der er den Patienten aufgrund ihres Gemütszustandes - und nicht wegen ihrer körperlichen Symptome - bestimmte Arzneien verabreichte. Sein Vorhaben war es, den Menschen in seiner Gefühlswelt, seinem Verhalten in verschiedensten Situationen und seinen Stimmungen zu studieren, zu deuten und ihn danach zu behandeln.

Therapie aufgrund der Gemütszustände und Charakterbilder des Menschen

Und der Erfolg gab ihm auch recht, denn mit seiner Therapiemethode konnte er mehr Menschen helfen als bisher. Viel später erst entdeckte er die nach ihm benannten Bach-Blüten und verfeinerte sein Seelen-Heilsystem, das bis heute noch unverändert Anwendung findet.

Die Gewinnung der Essenzen

Der ursprüngliche Weg, den Dr. Bach bei der Gewinnung seiner Heilessenzen aus den Blüten einschlug, richtete sich nach dem Potenzierungsverfahren der Homöopathie. Eine Zeitlang arbeitete er mit dieser Methode, doch obwohl er gute Heilerfolge erzielen konnte, war er mit dem Verfahren nicht ganz zufrieden. Er war von der Existenz eines natürlichen Herstellungsverfahrens überzeugt, das die Kraft seiner Essenzen steigern würde. So experimentierte er mit einer Schüssel voller frischem Wasser, in die er die erblühten Blüten legte, stellte sie an die Sonne und wartete, bis die Blüten verwelkt

Die Kraft der Bach-Blüten-Essenzen

waren. Nach seiner Ansicht wurden auf diesem Weg Energie und Heilkraft der Blüten auf das Wasser übertragen. Der Arzt erprobte die nach der neuen Methode gewonnenen Essenzen an seinen Patienten. Und siehe da, die Wirkung der Essenzen konnte damit deutlich gesteigert werden. Dr. Bach nannte diese Methode der

Die Sonnenmethode

Gewinnung die Sonnenmethode. Sie funktioniert allerdings nur bei den Pflanzen, die ihre Blüten im Sommer tragen, denn nur zu dieser Zeit hat die Sonne genügend Kraft, die Energie der Blüten auf das Wasser zu übertragen.

Daher werden alle Essenzen, deren Blüten in den frühen Monaten des Jahres reifen, mit der

Die Kochmethode

Kochmethode hergestellt. Wieder werden die Blüten in eine Schüssel mit frischem Wasser gelegt, dieses Mal aber über einer Feuerstelle aufgekocht, bis sie verwelken und ihre Kraft an das Wasser abgegeben haben.

Nach dem Abseihen der Blütenreste werden die Essenzen mit einer Alkohollösung haltbar gemacht und in kleine Fläschchen, den sogenannten »Stockbottles«, gefüllt. Vor der Anwendung wird die Blütenessenz dann nochmals verdünnt.

Die 38 Blüten decken jeden denkbaren negativen Gemütszustand des Menschen ab. Wie faszinierend, wenn man bedenkt, daß ein solch wunderbares Heilsystem mit so einfachen und wenigen Mitteln auskommt.

Die Wirkung der Bach-Blüten

Um die Wirkung der Bach-Blüten verständlich zu machen, ist es wohl am besten, Dr. Bach selbst dazu Stellung nehmen zu lassen:

Erhöhung der menschlichen Schwingungen

»Bestimmte wildwachsende Blumen, Büsche und Bäume höherer Ordnung haben durch ihre hohe Schwingung die Kraft, unsere menschlichen Schwingungen zu erhöhen und unsere Kanäle für die Botschaften unseres spirituellen Selbst zu öffnen; unsere Persönlichkeit mit den Tugenden, die wir nötig haben, zu überfluten und dadurch die (Charakter-) Mängel auszuwaschen, die unsere Leiden verursachen. Wie schöne Musik oder andere großartige, inspirierende Dinge, sind sie in der Lage, unsere ganze Persönlichkeit zu erheben und uns unserer Seele näherzubringen. Dadurch bringen sie uns Frieden und entbinden uns von unseren Leiden. Sie heilen nicht dadurch, daß sie die Krankheit direkt angreifen, sondern dadurch, daß sie unseren Körper mit den schönen Schwingungen unseres Selbst durchfluten, in deren Gegenwart die Krankheit hinwegschmilzt wie Schnee an der Sonne. Es gibt keine echte Heilung ohne eine Veränderung in der Lebenseinstellung, des Seelenfriedens und des inneren Glücksgefühls.«
Dr. Bachs Blütentherapie geht in der Ursachenfindung, bei der Diagnose von Krankheiten, von

Dissonanzen und Mißstimmungen der Seele aus, die über Jahre hinweg verschiedenste Krankheitssymptome an den Tag bringen. Seine Blüten bekämpfen jedoch nicht die seelischen Mißstimmungen, sondern schaffen ein Gegengewicht, um die Seele des Menschen in ein Gleichgewicht zu bringen.

Harmonieren der Seelenenergie

Dieses Harmonieren der Seelenenergie bedeutet ein Erwachen aus dem Zustand des Schlafens; man ist in der Lage, seine Fehlentwicklung zu erkennen und aktiv am Prozeß des Ausgleichens und Gesundens mitzuwirken.

Jede der Bach-Blüten beinhaltet ein bestimmtes energetisches Schwingungspotential, das genau einem Seelenkonzept entspricht. Ist die menschliche Seele aus dem Gleichgewicht, so ist ihr Schwingungspotential verändert, verzerrt und beeinträchtigt die gesamte Energiestruktur des Menschen, was sich in seelischen und körperlichen Krankheitsbildern ausdrückt.

Ähnlich wie ein Motor, natürlich viel komplizierter, basiert das Funktionieren des Menschen auf dem optimalen und reibungslosen Zusammenspiel all seiner Einzelteile. Wenn bei einem Motor ein mechanischer Teil nicht mehr voll funktionsfähig ist, wird seine Leistung drastisch sinken, und ähnlich verhält es sich auch beim Menschen, wenn Teile, die zum Funktionieren des Ganzen beitragen, nicht mehr in harmonischer Weise arbeiten.

Wirkung trotz starker Verdünnung?

Der Wirkung der Bach-Blüten ist trotz modernster Meßmethoden nicht gänzlich zu erklären. Auch die Homöopathie steht vor diesem Problem. Besonders bei sehr hohen Verdünnungen (Hochpotenzen) lassen sich keine essentiellen Wirkstoffe in den Heilmitteln nachweisen, was auch bei den Bach-Blüten der Fall ist. Doch gerade wegen ihrer hohen Verdünnung wirken diese Stoffe besonders effektiv und nachhaltig.

Effektive Wirkung wegen hoher Verdünnungen

Während sich die Schulmedizin auf der rein materiellen Ebene bewegt, mit wirkungsvollen chemischen Mitteln versucht, chemische Reaktionen im menschlichen Körper zu beeinflussen, gehen Naturheiler mit der Bach-Blüten-Therapie oder der Homöopathie einen ganz anderen Weg. Ihnen ist klar, daß die Existenz des Menschen mehr als nur chemische Vorgänge ausmachen. Auch wenn man mit der Definition der Seele oder des Geistes zu kämpfen hat, sollte man den Menschen nicht nur auf bloße materielle Elemente reduzieren. Man denke in diesem Zusammenhang auch an die chinesische Kultur, die schon seit Jahrtausenden erfolgreich mit der Akupunktur arbeitet, ein Heilverfahren, das unbestritten wirkungsvoll ist und ebenfalls auf der energetischen Ebene des Menschen arbeitet. Genauso wie jeder Teil des menschlichen Körpers und auch jeder Teil des Universums, haben auch diese Heilmittel ein schwingendes Energiepotential, das auf feinstofflicher Ebene den Menschen zu beeinflussen vermag und zudem zu ungeheuren Heilerfolgen in der Lage ist.

Bach-Blüten für alle Lebensbereiche

Bach-Blüten können bei verschiedensten Krankheits- bzw. Seelenbildern verwendet werden, um das notwendige Gleichgewicht wieder herzustellen.

Akute seelische Notfälle

Bei akuten Notfällen, die mit Angst besetzt sind, beispielsweise vor einer Operation, vor einer Prüfung oder einem Vorstellungsgespräch, sind die sogenannten akuten Blütenmittel ausgezeichnet geeignet, um die bevorstehenden Situationen leichter zu bewältigen.

Krankheit

Wie wir bereits wissen, hat jede Krankheit ihre Ursache in - oft jahrelangen - seelischen Mißstimmungen. Um der Krankheit entgegenzuwirken, gilt es, die Seele mittels der richtigen Bach-Blüten zu harmonisieren. Bach-Blüten können auch begleitend zu einer medikamentösen Therapie oder einer psychotherapeutischen Behandlung eingenommen werden.

Störende Charaktereigenschaften

Charaktereigenschaften, die man selbst als störend empfindet und die immer wieder Schwierigkeiten mit sich bringen, lassen sich mit den richtigen Bach-Blüten, über einen längeren Zeitraum eingenommen, korrigieren. Oft fühlt man sich in seiner Rolle als ewiger Nörgler, ängstlicher oder unsicherer Typ nicht wohl und stößt aufgrund seiner Charaktereigenschaften immer wieder auf Situationen, die Probleme mit sich bringen. Man hadert mit seinem Schicksal und ist unzufrieden mit sich selbst, kann aber nichts dagegen tun, oder aber man ist erst gar nicht in der Lage, sich selbst richtig einzuschätzen, um Maßnahmen zu ergreifen. Auch hier können Bach-Blüten helfen, vorausgesetzt, man will etwas verändern und seine Schwächen in das Gegenteil umwandeln. Schließlich sollte man auch nicht vergessen, daß die ständigen Belastungen, die bestimmte Charakterzüge mit sich bringen, verschiedenartigste Krankheitsbilder hervorrufen können.

Wann wirken die Blüten?

Wie viele andere Naturheilmittel sollte man den Bach-Blüten etwas Zeit einräumen, denn sie wirken sehr sanft und mit Sicherheit nicht so schnell wie die chemischen Wirkstoffe der Schulmedizin. In der Regel setzt die Wirkung bei akuten Symptomen sehr rasch ein, wohingegen die Heilung von länger andauernden Krankheiten dementsprechend eine längere Zeit benötigt. Etwas, das sich über Jahre hindurch aufgebaut hat, kann nicht von einem Tag auf den anderen ausgeheilt werden. In den anderen Fällen tritt die Wirkung jedoch schon nach wenigen Stunden oder Tagen ein. Da die Heilung oft sehr sanft und hintergründig verläuft, fällt dem Patienten gar nicht auf, daß es ihm bereits wesentlich besser geht. Viele Bach-Blüten-Therapeuten haben die Erfahrung gemacht, daß die Einnahme der Bach-Blüten-Essenzen in der Endphase der Heilung in immer unregelmäßigeren Zeitabständen erfolgt, bis sie schließlich meist völlig vergessen wird; ein sicheres Zeichen für eine geheilte Seele, die die Blüten nicht mehr benötigt.

Rasche Wirkung bei akuten Symptomen

Sanfter Heilungsverlauf

Der Heilungsverlauf

Der Heilungsverlauf kann von Person zu Person unterschiedlich sein, da jeder Mensch ein individuelles Wesen ist, mit unterschiedlichen Anlagen und Charakterzügen ausgestattet. Besonders zu Beginn der Therapie kann es möglich sein, daß die Blütenessenzen oftmals neu zusammengestellt werden müssen. Dafür gibt es besonders zwei Gründe:

Mehrmalige Zusammenstellung der Blütenkombinationen

1. Durch das Wirken der Essenzen kann sich eine Verschiebung des seelischen Zustandsbildes ergeben. Alte Symptome verschwinden und neue werden aus der Tiefe der Seele emporgehoben.

2. Der zu Behandelnde spricht überhaupt nicht auf die Blüten an. Die Ursachen dafür können sehr vielschichtig sein, möglicherweise wurde auch die erste Mischung falsch zusammengesetzt.

Psyche und Körper können verschieden auf Blütenessenzen reagieren

Die Reaktionen der Psyche und des Körpers auf die Blüten können verschieden ausfallen. Oft zeigt sich im psychischen Bereich sehr schnell eine Wirkung, wohingegen sich der Körper träger zeigt und die Heilung längere Zeit benötigt. Es ist unbedingt notwendig, Geduld zu beweisen, wenn die Wirkung nicht so rasch vorangeht, wie man es sich manchmal wünschen würde. Auf keinen Fall sollte man die Flinte ins Korn werfen und die Blütenmischung vorschnell absetzen.

Die Erfahrungen bei der Bach-Blüten-Therapie haben auch gezeigt, daß den Träumen, als Ausdruck des Seelenlebens, eine besondere Bedeutung zukommt. Es sollte vor allem der Traum nach der ersten Einnahme der Bach-Blüten, sofern sich der Patient daran erinnern kann, niedergeschrieben werden, da über ihn möglicherweise zentrale Probleme der Seele ausfindig gemacht werden können.

Die Reaktionen auf die Bach-Blüten-Essenzen sind sehr unterschiedlich, trotzdem lassen sich aus der Praxis der Bach-Blüten-Therapie einige Rückschlüsse und allgemeine Regeln aufstellen, die den Heilungsverlauf bei der Mehrheit der Patienten widerspiegeln:

Regeln über den Heilungsverlauf

✿ **Am häufigsten wird beobachtet, daß die Patienten sehr rasch und intensiv auf die Bach-Blüten ansprechen. Sie spüren eine allgemeine Steigerung des Wohlbefindens und tragen ein befreiendes, fröhliches Gefühl in sich. Oft hält diese Wirkung nur kurze Zeit zu Beginn der Therapie an und wandelt sich dann in eine wellenartige Phase, in der immer wieder die alten Krankheitssymptome durchbrechen und sich erst langsam eine positive Stabilisierung einstellt. Besonders bei psychischen Symptomen läßt sich dieser Heilungsverlauf gut beobachten, wenn die alten Verhaltensmuster mit den neuen Seelenqualitäten konfrontiert werden.**

✿ Aus der Homöopathie ist der Begriff der »Erstverschlimmerung« bekannt. Durch die Einnahme der Mittel treten bei manchen Patienten die Krankheitssymptome für eine kurze Zeit verstärkt auf, was aber das beste Zeichen für das Wirken der Arzneien ist. Wenn auch sehr selten, ist dieses Phänomen ebenfalls bei der Therapie mit Bach-Blüten zu beobachten. Der Patient reagiert so heftig auf die Essenzen, daß es zu einer Verschlimmerung der Symptome kommt. Diese Phase kann eine Zeitlang andauern und ist für den Betroffenen meist nicht sehr angenehm. Er sollte sich verinnerlichen, daß es lediglich eine Frage der Zeit ist, bis die erhoffte Wirkung einsetzt. Unter Umständen ist es ratsam, die Häufigkeit der Einnahme zu reduzieren, damit der Effekt der Erstverschlimmerung gemildert wird, oder man setzt zusätzlich die Notfalltropfen ein, um dem Patienten diese Phase ein wenig zu erleichtern.

Es zeigt sich keine Wirkung

Gründe für ein Fehlschlagen der Bach-Blüten-Therapie

Manchmal zeigen die Bach-Blüten keinerlei Wirkung. Die Gründe dafür können sehr vielfältig sein. Bevor man die Blüten jedoch absetzt, sollte man der Sache auf den Grund gehen und die Unwirksamkeit auf ihre möglichen Ursachen hin untersuchen.

✿ Die Zusammenstellung der Bach-Blüten-Mischung wurde nicht richtig gewählt. Die Diagnose der Symptome sollte erneut erfolgen, um die Bach-Blüten-Essenzen neu zusammenzumischen.

✿ Der zu Behandelnde hat die Wirkung der Bach-Blüten nicht wahrgenommen. Sie wirken oft so fein, daß sich die Veränderungen in nur leichten Nuancen bemerkbar machen.

✿ Die Blüten zeigen keine Wirkung, weil sich der Patient dagegen wehrt. Dieses Phänomen ist in allen Bereichen der Naturheilkunde und auch in der Schulmedizin bemerkbar. Besonders feinstoffliche Substanzen lassen sich sehr leicht durch ein »Verschließen« der Seele blockieren.

✿ Die Tagesdosis der Blüten wurde zu niedrig angesetzt. Gerade in hartnäckigen Fällen empfiehlt es sich, die Einnahmefrequenz zu erhöhen.

✿ Der Zeitraum der Einnahme war zu kurz, um eine Wirkung feststellen zu können. In diesem Fall muß man den Blüten einfach mehr Zeit einräumen, damit sie ihre volle Heilkraft entfalten können.

✿ Der Bach-Blüten-Anwender arbeitet nicht aktiv an seiner Persönlichkeitsentwicklung mit und überläßt sein Schicksal den Bach-Blüten. Er blockiert durch sein Verhalten die Entfaltung der Blütenkräfte.

Anwendung und Dosierung

Die Blütenmischung

Nach oder schon während der Diagnosestellung, je nachdem wie geübt man ist, kristallisieren sich meist mehrere Mittel aus der Bach-Blüten-Palette heraus. Es sollte jedoch immer eine Blüte sein, die den Hauptaspekt der Konflikte des Patienten abdeckt. Um diese Blüte kann bei Bedarf mit weiteren Mitteln eine entsprechende Mischung aufgebaut werden.

Wie viele Blüten in der Mischung?

Idealerweise kommt die Mischung mit einer einzigen Blüte aus, die genau dem Seelenpotential des Betroffenen entspricht. Meist sind jedoch mehrere Blüten notwendig, da die Probleme des Patienten sehr vielschichtig angelegt sind. Grundsätzlich sollte man so wenig wie möglich verschiedene Blüten verwenden, in der Regel jedoch höchstens sechs. Obwohl auch mehrere Blüten verwendet werden dürfen, sollte man doch auf alle Fälle versuchen, sie soweit einzugrenzen, daß diese Zahl nicht überschritten wird.

Zubereitung und Dosierung

Die Bach-Blüten-Essenzen sind in 10 ml Fläschchen (Stockbottles) in der Apotheke erhältlich. Sie können einzeln oder auch im Set erstanden werden. Diese Fläschchen enthalten die konzentrierten Blütenextrakte. Sie sind mit Alkohol versetzt und unbegrenzt haltbar. Für die eigentliche Anwendung wird das Extrakt einzeln oder in Kombination mit anderen Blütenessenzen verdünnt. Die Apotheken bieten auch einnahmefertige Präparate an, die nach eigenen Angaben gemischt werden, für den Fall, daß man sich die Konzentrate nicht leisten möchte.

Zubereitung der Mischung

Vor der Einnahme müssen die Mittel auf alle Fälle verdünnt werden. Je nach Anwendung gibt es verschiedene Möglichkeiten, die gebrauchsfähige Mischung herzustellen.

Für akute Fälle

In akuten, vorübergehenden Situationen, die rasche Hilfe erfordern, werden von jedem der notwendigen Blütenextrakte je 2 Tropfen in ein Glas Wasser gegeben und über den Tag verteilt schlückchenweise getrunken. Dies wird so lange durchgeführt, bis man sich wieder stabilisiert hat.

Für die regelmäßige Einnahme

Für Krankheiten, die eine längere, regelmäßige Einnahme erfordern, wird eine gebrauchsfertige Mischung in Behandlungsfläschchen hergestellt. Diese kleinen Fläschchen zu 20, 50 und 100 ml sind ebenfalls in der Apotheke erhältlich. Als Basis für die gebrauchsfertige Mischung kann frisches Wasser oder eine Mischung aus Wasser und 30%igem Alkohol, um ein längere Haltbarkeit zu garantieren, verwendet werden. Wenn das Ganze mehr Geschmack bekommen soll, verwendet man einfach handelsübliche Spirituosen. Für den Fall, daß kein Alkohol verwendet werden darf (bei Personen mit Alkoholproblemen oder Kindern), kann als Mischungsbasis auch Obstessig genommen werden.

Bei der Herstellung der gebrauchsfertigen Mischung kommt pro Bach-Blüten-Essenz 1 Tropfen auf 10 ml Flüssigkeit in das saubere Einnahmefläschchen. In ein 20 ml Fläschchen gibt man also je 2 Tropfen jeder Bach-Blüten-Essenz. Verwenden Sie beispielsweise vier verschiedene Blüten, sind das 4 x 2 Tropfen für ein 20 ml Fläschchen. Der Rest des Fläschchens wird zu zwei Dritteln mit Wasser und zu einem Drittel mit Alkohol aufgefüllt. Die Mischung ist dann einige Wochen haltbar.

Einnahme Von der gebrauchsfertigen Mischung werden die Tropfen mit dem Tropfer (zusätzlich zum Fläschchen in der Apotheke erhältlich) direkt auf die Zunge oder auf einen Löffel gegeben und so eingenommen. Einfachheitshalber kann man die Bach-Blüten-Mischung für Kinder auch dem Tee zusetzen. Es empfiehlt sich, das Mittel einige Sekunden im Mund zu behalten, um die Wirkung der Bach-Blüten zu beschleunigen.

Dosierung Im Normalfall nimmt man 4 x täglich 4 Tropfen zu sich. Bei Bedarf, wenn die Beschwerden akuter sind, kann die Einnahme auch häufiger erfolgen. Wie bereits angesprochen, können in akuten, vorübergehenden Situationen auch 2 Tropfen jeder Essenz in ein Glas Wasser getropft werden, das über den Tag verteilt ausgetrunken wird. Steht kein Wasser zur Verfügung, können in diesem Ausnahmefall auch je 2

Tropfen der Essenzen direkt aus dem Vorratsfläschchen, unverdünnt, auf die Zunge geträufelt werden. Keine Angst, eine Überdosierung gibt es nicht, da die Blüten auf einer energetischen Ebene wirken.

Eine Sonderstellung, die auch Ausnahmefälle erlaubt, nehmen die Notfalltropfen ein. Normalerweise werden 4 Tropfen aus dem Vorratsfläschchen in ein Glas Wasser getropft und verabreicht. Oft jedoch ist in der Eile kein Wasser verfügbar und so müssen die Tropfen unverdünnt genommen werden.

Einnahmedauer

Die Dauer der Einnahme ist individuell unterschiedlich. Oft haben die Tropfen schon nach wenigen Stunden oder Tagen ihre Arbeit getan und das seelische Gleichgewicht wieder hergestellt. Meist vergißt der Patient auch seine Bach-Blüten, wenn er sie nicht mehr benötigt, was ein untrügliches Zeichen dafür ist, daß die Blüten ihre volle Wirkung entfaltet haben.

Im Regelfall nimmt man die Blüten nach der Diagnosenstellung vorerst einmal 2 Wochen und überprüft, ob sich etwas verändert hat oder ob die Bach-Blüten-Mischung neu zusammengestellt werden muß. Danach empfiehlt sich eine Einnahmedauer, je nach Fortschritt, über einen längeren Zeitraum, wobei aber alle 4 - 6 Wochen eine regelmäßige Erfolgskontrolle durchgeführt werden sollte. Denn: Die Krankheits- bzw. Seelenbilder können sich ändern, ein Symptom verschwindet oder wird durch ein anderes ersetzt. Aufgrund dessen ist es notwendig, die Blüten-mischung eventuell neu zu gestalten, die eine oder andere Blüte wegzulassen oder durch eine neue zu ersetzen.

Notfalltropfen

Notfalltropfen sind eine spezielle Mischung aus fünf verschiedenen Blüten, die in akuten Krisensituationen eingesetzt werden. Die Mischung setzt sich aus folgenden Blüten zusammen:

✿ *Star of Bethlehem:* gegen Schock

✿ *Cherry Plum:* gegen den Verlust der gefühlsmäßigen Kontrolle

✿ *Rock Rose:* gegen Panik und große Angst

✿ *Impatiens:* gegen enorme körperliche und seelische Anspannungszustände

✿ *Clematis:* gegen Bewußtlosigkeit und traumatische Zustände der Geistesabwesenheit

Überall dort, wo rasche Hilfe erforderlich ist, sind die Notfalltropfen einzusetzen:

* Vor Arztbesuchen oder operativen Eingriffen, wenn die Angst sehr groß ist.

* Bei Angst vor Prüfungen oder Vorstellungsgesprächen.

* Bei Lampenfieber.

* Bei Ängsten vor ungewohnten Ereignissen.

* Nach Unfällen und Verletzungen.

* Nach erschütternden Ereignissen (Todesfall, Trennung usw.).

Im Normalfall werden 4 Tropfen der Notfallmischung in ein Glas Wasser getropft und schluckweise getrunken. Wenn kein Wasser zur Verfügung steht, können auch zwei Tropfen der unverdünnten Mischung direkt auf die Zunge geträufelt werden. Ist der Betroffene nicht in der Lage, die Tropfen zu sich zu nehmen, werden seine Lippen mit der Essenz benetzt. Außerdem können die Handgelenke, die Schläfen und die Stelle hinter dem Ohr mit der Mischung eingerieben werden.

Die Notfall-Salbe (Rescue cream)

Gegen äußere Verletzungen gibt es die Notfall-Salbe, die zusätzlich zu den fünf Blüten noch Crab Apple, als Reinigungsmittel, enthält. Die Salbe eignet sich hervorragend bei äußerlichen Verletzungen jeglicher Art wie Schürfwunden, Sonnenbrand, Entzündungen, Prellungen, Verstauchungen usw. Die Salbe ist in der Apotheke erhältlich, kann aber auch selbst hergestellt werden. Dazu werden 30 Gramm Salbengrundlage (z.B. Wollfett) mit 20 ml Wasser und 50 Notfalltropfen vermischt.

Die Wahl der richtigen Bach-Blüten

Angst, die Selbstbeherrschung zu verlieren

Cherry Plum *ist die Bach-Blüte der ersten Wahl, wenn man Angst davor hat, die Selbstbeherrschung zu verlieren, durchzudrehen oder eine Wahnsinnstat zu begehen.*

Weitere Blüten

Oak: Man droht, an den selbst auferlegten Pflichten, denen man um jeden Preis nachkommen will, zu zerbrechen.

Elm: Die täglichen Aufgaben werden zu unüberwindbaren Hindernissen, man kann einfach nicht mehr.

Cherry Plum

(Prunus cerasifera, Kirschpflaume)

Die Kirschpflaume hat schneeweiße Blüten, die sie zwischen Februar und März trägt. Oft findet man den 4 - 5 Meter hohen Baum am Rande einer Obstplantage als Windschutz gepflanzt. Die Essenz wird nach der Kochmethode hergestellt.

Die Seele der Pflanze

Gerade als Dr. Bach unter starken Schmerzen infolge einer Nebenhöhlenvereiterung litt, entdeckte er die Pflanze. Er erkannte in den schneeweißen Blüten die Kraft der inneren Ruhe und Ausgeglichenheit.

Das Cherry-Plum-Bild

✿ Menschen im Cherry-Plum-Zustand haben das Gefühl, auf einem Pulverfaß zu sitzen, das jeden Moment in die Luft gehen könnte. Die Angst durchzudrehen - die Kontrolle und den Verstand zu verlieren - steht im Vordergrund.

✿ Die Nerven sind zum Zerreißen gespannt, man fürchtet, Amok zu laufen, die Beherrschung zu verlieren und sich zu einer schrecklichen Wahnsinnstat hinreißen zu lassen.

✿ Die Reaktionen auf verschiedenste Ereignisse sind enorm gefühlsbetont, was sich bis zu hysterischen Ausbrüchen emporschaukeln kann.

✿ Die Gefühlswelt ist so irritiert, daß häufig der Gedanke an Selbstmord auftritt.

✿ Es kostet eine Menge Kraft, dieses Übermaß an emotionalen Regungen nach außen hin zu verstecken. Oft wirkt man für seine Umgebung gelassen und ruhig.

✿ Man ist vom Wunsch beseelt, seine Gefühle ausleben zu dürfen, um diesen enormen inneren Druck loszuwerden, der sich durch die zwanghafte Selbstkontrolle aufgestaut hat.

✿ Das Cherry-Plum-Bild äußert sich auch durch plötzliche Wutausbrüche und Heulkrämpfe, bei denen der angestauten Energie Luft gemacht wird.

Kinder

Diese Kinder können ihren Gefühlen häufig keinen freien Lauf lassen. Es entsteht ein psychischer Überdruck, der schließlich zu Wutanfällen, hysterischem Schreien, Alpträumen, Stottern, Bettnässen und Nägelkauen führen kann.

Die Wirkung von Cherry Plum

Cherry Plum harmonisiert die Gefühlswelt, gibt Kraft, Mut und Selbstvertrauen, um all diese Empfindungen zu akzeptieren und sie auf maßvolle Weise zu kompensieren. Man erlangt die innere Ruhe, um auch stark emotionelle Situationen mit Gelassenheit hinzunehmen, ohne gleich die Nerven zu verlieren.

Begleitende Maßnahmen

Entspannungsübungen oder meditative Übungen, beispielsweise Autogenes Training oder Yoga, sind hilfreich, um eine innere Harmonisierung herzustellen.
Sportliche Betätigungen helfen, die permanente Spannung abzubauen. Auch Aktivitäten in der Natur, an frischer Luft, wirken ausgleichend auf das Gemüt.
Stressigen und gefühlsaufwallenden Situationen sollte man so weit wie möglich aus dem Weg gehen.

Ängste, unerklärbare und unbewußte

Aspen *ist die Bach-Blüte der ersten Wahl, wenn man ein furchtsamer, sensibler Typ ist und von unbestimmten Ängsten geplagt wird .*

Weitere Blüten

Mimulus:	Konkrete Ängste vor hohen Gebäuden, Krankheit, Menschenmengen, Tod usw.
Rock Rose:	Akute, panische Ängste, oft infolge eines bestimmten schrecklichen Ereignisses.

Aspen
(Populus tremula, Espe oder Zitterpappel)

Der schlanke Baum, der bis zu 25 Meter groß werden kann, zählt zur meist verbreiteten Pappelart in Europa.
Ihre Blüten-Kätzchen trägt sie von März bis April. Die Zubereitung der Essenz erfolgt durch die Kochmethode.

Die Seele der Pflanze

Der volkstümliche Ausdruck »Ich zittere wie Espenlaub« beschreibt eine körperliche Reaktion auf eine ängstigende Situation. Die Blätter der Espe vibrieren leicht, auch wenn völlige Windstille herrscht. So läßt sich das Potential der Pflanze auf Menschen übertragen, die unerklärbaren Ängsten ausgesetzt sind.

Das Aspen-Bild

✿ Menschen, die Aspen benötigen, sind furchtbetont. Meist haben sie grundlose Ängste, die sie selbst nicht erklären können.

✿ Man wird von seiner Vorstellungswelt überrannt, trägt seine ängstlichen Gedanken Tag und Nacht mit sich herum.

✿ Oft wacht man voller Angstgefühle auf und fürchtet sich davor, wieder einzuschlafen.

✿ Auch die Angst im Dunkeln, Angst vor der Angst, Angst vor dem Tod, Angst vor okkulten Dingen, Angst vor Krankheiten oder Angst vor Geistern ist für Aspen-Menschen typisch.

✿ Generell könnte man sagen, daß Menschen im Aspen-Zustand eine sehr dünne Haut und ein feines, sensitives Gespür für die Stimmungen anderer haben und Dinge empfinden, die für andere nicht wahrnehmbar sind.

✿ Aspen ist auch für Menschen zu empfehlen, die sehr »geöffnet« sind, deren bildhafte Vorstellungswelt überhand genommen hat.

✿ Die Ängste sind nicht zu bestimmen und zu benennen, so daß man meist auch nicht mit seiner Umwelt darüber reden kann.

✿ Menschen im Aspen-Zustand sind leicht reizbar, liegen ständig auf der Lauer, sind überspannt und werden von ihrer Umgebung nur allzuoft als »schräge« Typen charakterisiert.

✿ Begleitend kann Aspen auch bei Menschen eingesetzt werden, die Opfer ihrer Zwangsvorstellungen sind, bei Alkoholikern, Menschen, die psychische Folgeerscheinungen durch Drogeneinnahme davongetragen haben oder Mißhandlungen ausgesetzt waren.

Kinder

Es sind Kinder, die auf Fremdes ohne Grund mit Angst oder Ablehnung reagieren. Trotz Ermutigungen der Erwachsenen schaffen sie es nicht, ihre Ängste zu überwinden. Häufig findet man unter diesen Kindern Schlafwandler, manche sprechen oder weinen im Schlaf.

Die Wirkung von Aspen

Aspen gibt den Mut, den Dingen, vor denen man sich so fürchtet, auf den Grund zu gehen, zu durchleuchten und die Ursachen der Angst zu erkennen. Auf diesem Weg gewinnt man wieder Selbstvertrauen und baut seine Ängste langsam ab.

Begleitende Maßnahmen

Vorteilhaft wären Beschäftigungen, die »am Boden der Realität halten«, wie beispielsweise Handwerken, Töpfern, Gartenarbeit, Wanderungen in der Natur.
Man sollte all jene Dinge vermeiden, die die bildhaften Vorstellungen anregen, wie Fernsehen (besonders Horrorfilme), Diskussionsthemen, die emotional zu sehr berühren, esoterische Themen, wenn man emotional nicht damit umgehen kann, Alkohol, Drogen.

Ängste vor konkreten Dingen

Mimulus *ist die Bach-Blüte der ersten Wahl bei konkreten, bewußten Ängsten vor Dingen des alltäglichen Lebens.*

Weitere Blüten

Aspen:	Furchtsamkeit, Ängste vor Dingen, die nicht konkretisiert werden können (Dunkelheit, Geister, okkulte Dinge usw.).
Rock Rose:	Panische Ängste in bestimmten Situationen.

Mimulus
(Mimulus guttatus, Gefleckte Gauklerblume)

Die Blume, die bis zu 40 cm groß werden kann, gedeiht mit Vorliebe an feuchten Plätzen, beispielsweise an Bächen oder Wasserläufen. Mimulus blüht von Juni bis August. Die Herstellung der Essenz erfolgt durch die Sonnenmethode.

Die Seele der Pflanze

Mimulus verkörpert nach Dr. Bachs Ansicht die Kraft, sich Dingen zu stellen, Widerstand entgegenzusetzen, Mut und Tapferkeit in den verschiedensten Lebenssituationen zu zeigen. Ein Seelenbild, das durch die Lebensbedingungen der Pflanze ausgedrückt wird, die sich an reißenden, steinigen Wasserläufen unbeugsam und voller Kraft behauptet.

Das Mimulus-Bild

✿ Mimulus wird von Menschen benötigt, die Angst vor realen, konkreten Situationen oder Dingen haben.

✿ Die ängstigenden Situationen oder Dinge können genau benannt werden: enge Räume, Menschenmengen, hohe Gebäude, Tiere, Krankheit, Tod, Dunkelheit, Einbrecher usw.

✿ Menschen im Mimulus-Zustand trauen sich nicht, offen über ihre Ängste zu sprechen.

✿ Mimulus-Menschen kann man oft schon aufgrund ihres Äußeren erkennen. Sie sind zart gebaut, haben meist eine wächserne, blasse Haut, sind sehr schüchtern und zurückhaltend. Sie erröten leicht, sind ständig nervös, die Stimme ist leise und meist belegt.

✿ Man ist sehr sensitiv und hat ein feines Wahrnehmungsvermögen. Grelles Licht, Lärm, kaltes Wasser werden als sehr unangenehm empfunden.

✿ Menschen, die Mimulus benötigen, vertragen keinen Druck. Stellt man sie vor Aufgaben, von denen sie glauben, sie nicht bewältigen zu können, werden sie oft krank.

✿ Die Nerven sind überreizt, da man permanent irgendwelchen Ängsten ausgesetzt ist.

✿ Man fürchtet sich vor neuen, unbekannten Situationen (Erwartungsängste), obwohl man im nachhinein immer wieder feststellt, daß die eigentliche Situation bei weitem nicht so schlimm war wie die Vorstellung.

Kinder

Es sind ängstliche Kinder. Ihre Angst äußert sich in Schreien (bei kleineren Kindern), später ist ihr Auftreten von Schüchternheit geprägt. Ist ihnen etwas fremd, brauchen sie lange, bis sie »warm« werden. Sie erröten leicht und sind gehemmt.

Die Wirkung von Mimulus

Mimulus gibt die Kraft und den Mut, sich der Angst zu stellen und sie zu überwinden.
Man gewinnt Selbstvertrauen und kann seine Sensibilität positiv nutzen, frei auf Menschen zugehen und mit einer gewissen Gelassenheit und Humor die Situationen meistern, die einen früher geängstigt haben.

Begleitende Maßnahmen

Man muß lernen, sich mit den Dingen, die einen ängstigen, vertraut zu machen, sie zu durchleuchten, dem Ursprung der Angst auf den Grund zu gehen.
Sportliche Betätigungen jeglicher Art sind in dieser Situation zu empfehlen. Auch sollte man sich unbedingt eine Entspannungsmethode (z.B. Autogenes Training) aneignen, um mit den täglichen Streßsituationen umgehen zu lernen.
Wenn die Ängste zu einem permanenten Leidensdruck führen, sollte man sich unbedingt einem erfahrenen Therapeuten anvertrauen.
Auf keinen Fall sollte der Betroffene vor den Ängsten davonlaufen. Die Ängste gewinnen dadurch immer mehr an Raum und beginnen, das Leben zu beherrschen.

Besitzergreifung, extreme Fürsorge

***Chicory** ist die Bach-Blüte der ersten Wahl, wenn man übermäßig fordernd, besitzergreifend und übertrieben fürsorglich handelt.*

Weitere Blüten

Red Chestnut:	Man kümmert sich mehr um andere als um sich selbst, ist dabei überfordert, wird ausgenutzt.
Pine:	Die Motive der Fürsorglichkeit sind Schuldgefühle und Selbstvorwürfe.

Chicory

(Cichorium intybus, Wegwarte)

Die Pflanze gedeiht auf kargen, öden Schotter- und Kiesböden und erreicht eine Höhe von 90 cm. Besonders nach Regen öffnen sich - immer nur wenige gleichzeitig - die leuchtendblauen Blüten. Die Blütezeit ist von Juli bis September. Die Herstellung der Essenz erfolgt durch die Sonnenmethode.

Die Seele der Pflanze

In der Blüte entdeckte Dr. Bach die Seelenqualität der ehrlichen, selbstlosen Liebe.

Das Chicory-Bild

✿ Menschen im Chicory-Zustand haben eine starke Erwartungshaltung. Sie verlangen richtiggehend nach Anerkennung und Dankbarkeit für all die Dinge, die sie für andere tun. Dabei sind sie oft unerträglich, aufdringlich und versuchen, sich mit aller Gewalt in das Leben anderer zu drängen.

✿ Vor allem Familienmitgliedern und Freunden schenkt man besonders viel Aufmerksamkeit. Man wacht über all diese Personen wie eine Henne über ihren Eier und versucht ununterbrochen, die Bedürfnisse und Wünsche aller zu erfüllen.

✿ Ständig wird man dabei ertappt, daß man sich in alle Angelegenheiten einmischt, Vorschläge unterbreitet, Anmerkungen macht oder die Handlungen der anderen kritisiert.

✿ Seine Kinder läßt man nicht aus seinen Fängen. Man umhätschelt und umsorgt sie pausenlos, obwohl sie sich davon erdrückt fühlen.

✿ Oft ist man in seiner übertriebenen Fürsorglichkeit sehr berechnend und erwartet Gegenleistungen, ob nun materieller oder gefühlsmäßiger Natur. Das kann manchmal bis zu erpresserischen Methoden führen, so daß man »gibt« und dabei Bedingungen stellt.

✿ Werden die Erwartungen, die man an seine Handlungen knüpft, nicht erfüllt, ist man zutiefst gekränkt und kann weder verzeihen noch vergeben.

✿ Chicory-Menschen stehen gerne im Mittelpunkt, sie wollen beachtet werden und tun dafür eine Menge. Das geht von hysterischen Anfällen vor versammelter Menge bis hin zur Flucht in Krankheiten. Findet man nicht die nötige Beachtung, ist man beleidigt und bricht in Selbstmitleid aus, aber so, daß jeder mitbekommt, wie schrecklich man sich nun fühlt.

Kinder

Ihre Egozentrik ist überstark ausgeprägt. Sie wollen nie alleine bleiben. Ältere Kinder brauchen das Gefühl, der Liebling aller zu sein. Wenn dies nicht funktioniert, sind sie gekränkt und zerfließen vor Selbstmitleid. Sie wirken jedoch selbstbewußt, da sie von ihren Ansichten überzeugt sind.

Die Wirkung von Chicory

Chicory wird helfen, sich mit ehrlicher Hingabe und Liebe um andere zu kümmern, ohne dabei in eine Erwartungshaltung zu fallen, in der man sich eine Gegenleistung für sein gutes Werk wünscht. Man gewinnt mehr Selbstsicherheit und erkennt, daß man auch ohne seinen enormen Einsatz die nötige Liebe und Beachtung erhält.

Begleitende Maßnahmen

Gefühle kann man nicht erkaufen, darauf sollte man sich stets besinnen. Nur wer ehrlich gibt, kann auch erwarten, daß ihm ehrlich gegeben wird. Wenn man so sehr nach der Anerkennung und Liebe der anderen strebt, sollte man sich auf den Weg machen, dies ausschließlich durch seine ehrliche Zuneigung zu erreichen.

Ist man bereit, an sich zu arbeiten, sind jegliche harmonisierenden, entspannenden Maßnahmen von Vorteil. Ob nun im körperlichen Bereich oder durch mentale Übungen im seelischen.

Depression, Niedergeschlagenheit — ohne Grund

***Mustard** ist die Bach-Blüte der ersten Wahl, wenn man unbegründet und plötzlich unter tiefer Traurigkeit und Melancholie leidet.*

Weitere Blüten

Gentian: Tiefer Pessimismus, Traurigkeit aufgrund eines einschneidenden Ereignisses (Arbeitsverlust, Wechseljahre usw.).

Olive: Deprimiert und ausgebrannt nach langer, harter Verausgabung.

Mustard

(Sinapis arvensis, Wilder Senf)

Das wilde Kraut wächst bevorzugt an Weg- und Ackerrändern und wird 30 bis 60 cm groß. Die Pflanze trägt ihre leuchtendgelben Blüten von Mai bis September. Die Herstellung der Essenz erfolgt durch die Sonnenmethode.

Die Seele der Pflanze

Dr. Bach erkannte in der Pflanze Heiterkeit und innere Ruhe. So wie jede einzelne Knospe gelassen auf den richtigen Zeitpunkt wartet, um plötzlich unerwartet aufzuspringen und zur Blüte zu reifen - ein besonderes Merkmal dieser Pflanze, denn bei den meisten Pflanzenarten entwickeln sich die Blüten zum selben Zeitpunkt.

Das Mustard-Bild

✿ Menschen im Mustard-Zustand leiden unter plötzlich auftretender Melancholie, die sich bis zu tiefer Trauer entwickeln kann und ohne Grund ausgelöst wird.

✿ Man fühlt sich plötzlich wie in eine dunkle Wolke gehüllt. Die ganze Gedanken- und Gefühlswelt ist von Trauer erfüllt und man schafft es einfach nicht, sich von dieser Traurigkeit zu lösen.

✿ Die Mitmenschen versuchen, zu trösten oder aufzumuntern, man ist jedoch nicht in der Lage, diese positiven Motivierungsversuche aufzunehmen oder zu seinen Gunsten umzusetzen.

✿ Ohne erkennbare Ursache verschwindet die depressive Verstimmung genauso schnell, wie sie gekommen ist.

✿ Man hat zu absolut nichts mehr Lust, möchte am liebsten den ganzen Tag im Bett verbringen und von niemandem gestört werden.

✿ Die Antriebskraft geht verloren und man hat das Gefühl, nie mehr einen schönen, glücklichen Tag erleben zu können.

✿ Lust und Interesse, am aktiven Leben teilzunehmen, schwinden.

✿ Man ist Vernunftsargumenten nicht zugänglich, denn trotz größter Anstrengung gelingt es einfach nicht, diesen Zustand wieder loszuwerden.

Kinder

Diese Kinder wirken traurig, ernst und melancholisch. Sie sind öfters schlecht gelaunt und desinteressiert. Auch leiden sie häufig ohne erkennbare Ursache unter Schlafschwierigkeiten und Appetitlosigkeit.

Die Wirkung von Mustard

Mustard wird helfen, positive Ansätze auch in diesen melancholischen Phasen zu finden, um mit mehr Gelassenheit und einer gewissen Heiterkeit seinen Weg zurück ins Licht zu finden.

Begleitende Maßnahmen

Wenn depressive Verstimmungen immer wiederkehren, sollte man sich unbedingt in psychotherapeutische Behandlung begeben.
Einen guten Ratschlag in dieser Situation zu geben, ist sicherlich viel leichter als ihn anzunehmen. Trotzdem ist es wichtig, der Trauer nicht zu viel Nährboden zu geben. Obwohl man in erster Linie lernen muß, seine negativen Gefühle zu akzeptieren, sollte man sich auf keinen Fall zu sehr von der dunklen Welle hinwegspülen lassen. Versuchen Sie trotz allem, Widerstand zu leisten, bleiben Sie aktiv, bewegen Sie sich viel an der frischen Luft, lassen Sie sich von der Sonne wärmen. Flüchten Sie nicht in dunkle Zimmer, kapseln Sie sich nicht von Ihren Mitmenschen ab, beschäftigen Sie sich nicht den ganzen Tag ausschließlich mit Ihrer traurigen Gefühlswelt.
Mentales Training, mit positiven Programmiersätzen und Vorstellungsbildern, kann helfen, diese dunklen Phasen leichter zu überstehen, wenn es früh genug geübt wurde.

Distanziertheit, Hochmut

Water Violet *ist die Bach-Blüte der ersten Wahl, wenn man auf seine Umgebung unnahbar, überlegen und reserviert wirkt.*

Weitere Blüten

Larch: Reserviertheit infolge von Minderwertigkeitskomplexen und mangelndem Selbstvertrauen.

Beech: Man ist voreingenommen, überkritisch und reserviert gegenüber jedem, der nicht dem eigenen Schema entspricht.

Water Violet

(Hottonia palustris, Sumpfwasserfeder)

Die Sumpfwasserfeder gehört zur Gattung der Primeln und wächst in stehendem, leicht fließendem Wasser und in Sumpfgebieten. Die Pflanze ragt etwa 20 cm über den Wasserspiegel hinaus. Die innen gelblichen, außen weiß-rosafarbenen Blüten entfalten sich in der Zeit zwischen Mai und Juni. Die Herstellung der Essenz erfolgt durch die Sonnenmethode.

Die Seele der Pflanze

So stolz und von anderen abgesondert, wie die Pflanze im Wasser wächst, so hilft sie auch Menschen, die sich reserviert verhalten, sich selbst genug sind und kaum Kontakt zu anderen Mitmenschen haben. Dr. Bach deutete Offenheit und Weisheit als Seelenqualität der Pflanze.

Das Water-Violet-Bild

✿ Water-Violet-Menschen sind sehr introvertiert, leben meist alleine und wirken auf andere Menschen unnahbar. Oft sind es sehr intelligente, kluge Menschen, die in all ihrem Gehabe sehr stolz ihre Überlegenheit zur Schau tragen, obwohl sie nie aufdringlich wirken.

✿ Man lebt lieber zurückgezogen, ist sehr arbeitsam und korrekt, wird nie laut, sondern überzeugt durch Argumente, die fundiert sind.

✿ Wegen seiner ruhigen, überlegenen Ausstrahlung wird man von seiner Umwelt geachtet und hinterläßt den Eindruck einer »würdevollen, grauen Eminenz«.

✿ Man packt Aufgaben mit Ruhe und Überlegtheit an, organisiert mit äußerster Genauigkeit, steht aber nie im Vordergrund, sondern dirigiert von hinten.

✿ Es wird keine Einmischung geduldet, der Water-Violet-Mensch regelt seine Angelegenheiten ganz nach seinen Vorstellungen, belastet andere auch nicht mit seinen Problemen.

✿ Durch seine Distanziertheit isoliert man sich oft von seiner Umwelt, was zur Folge hat, daß man innerlich vereinsamt und richtiggehend menschenscheu wird. Man hat keine richtigen Freunde, denn es ist anderen fast unmöglich, die Mauer, von der man umgeben ist, einzureißen.

✿ Oft hat man das Bedürfnis, sich zu öffnen, herzlicher auf andere zuzugehen, schafft es aber nicht.

✿ Man ist stets bemüht, sein Gesicht nicht zu verlieren, vermeidet Auseinandersetzungen, und wenn sie doch einmal unvermeidbar sind, reagiert man äußerst höflich, sachlich und ohne Emotionen.

✿ Ein solcher Mensch fühlt sich überlegen, läßt dies manchmal auch andere spüren und gewinnt damit kaum Freunde.

Kinder

Es sind angenehme Zeitgenossen, die leise, selbständig, adrett und meist sauber in Erscheinung treten. Die andere Seite: Sie sind etwas verklemmt und eigenbrötlerisch. Jedoch sind sie sehr selbstsicher. Es scheint, als hätten sie kein Interesse daran, Kontakte zu anderen Kindern aufzubauen.

Die Wirkung von Water Violet

Water Violet wird helfen, die Barrikaden, die man um sich aufgemauert hat, abzubauen. Man wird kontaktfreudiger, geselliger und ausgeglichener. Den Mitmenschen kann man mit mehr Verständnis und Toleranz begegnen und wird sie nicht mehr durch eine manchmal überhebliche Art brüskieren.

Begleitende Maßnahmen

Mentales Training, das mit positiven Programmiersätzen und Vorstellungsbildern arbeitet, kann helfen, seine Distanziertheit zugunsten eines besseren Zugangs zu anderen Menschen abzubauen.
Ein Hobby (beispielsweise eine Teamsportart oder die Mitgliedschaft in einem Gesangsverein), bei dem man mit anderen Menschen in Kontakt kommt, und sich auf sie verlassen muß, sollte gepflegt werden.

Ehrgeiz, Rücksichtslosigkeit

***Vine** ist die Bach-Blüte der ersten Wahl, wenn man ein übergroßes Energie- und Führungspotential besitzt, mit Rücksichtslosigkeit und Dominanz seinen Weg geht und absoluten Gehorsam verlangt.*

Weitere Blüten

Water Violet: Erhaben, hohes Energie- und Führungspotential, aber tolerant und ohne Strenge.

Rock Water: Man lebt nur nach seinen Idealen und strebt nach Perfektion.

Vine

(Vitis vinifera, Weinrebe)

Die Weinrebe ist eine ausgezeichnete Kletterpflanze, die bevorzugt in warmen Gegenden wächst. Sie wird bis zu 15 Meter lang und trägt ihre winzigen, duftenden, grünen Blüten von Mai bis Juli. Die Herstellung der Essenz erfolgt durch die Sonnenmethode.

Die Seele der Blüte

Die Weinrebe ist eine äußerst kräftige Pflanze mit viel Durchsetzungsvermögen. Sie klammert sich an allem in ihrer Umgebung fest und durchdringt jede kleinste Ritze. So sah Dr. Bach auch im Seelenpotential der Pflanze die Tugenden der Durchsetzungskraft und der Autorität im positiven Sinne genutzt.

Das Vine-Bild

✿ Vine-Menschen verfügen über ein enormes Potential an Energie und Durchhaltevermögen. Sie sind typische Führungskräfte, denen das Lenken von Geschicken angeboren zu sein scheint. Sie sind enorm ehrgeizig und mit einem eisernen Willen ausgestattet, der es ihnen ermöglicht, einen Weg aus jeder Krise zu finden. Doch gibt es auch negative Erscheinungsformen, die diese Menschen machthungrig, rücksichtslos und tyrannisch werden lassen.

✿ Man denkt, unfehlbar zu sein und erwartet dadurch auch, daß Befehle oder Anordnungen bedingungslos und ohne Kommentar ausgeführt werden. Selbst Befehle entgegenzunehmen, fällt ungeheuer schwer, und man tendiert dazu, jeder Anweisung mit Ungehorsam und Kritik zu entgegnen.

✿ Das Umfeld dieses Menschen weiß, daß man sich auf ihn verlassen kann, man ist derjenige, der in Notsituationen die »Kohlen aus dem Feuer holt«.

✿ Menschen im Vine-Zustand können sich im privaten Bereich zu richtigen Haustyrannen entwickeln, die ihre Ehepartner und Kinder unterdrücken.

✿ Das Gewissen hat man scheinbar verloren, ist grausam und empfindet kein Mitleid. Hauptsache ist, man verliert sein Ziel nicht aus den Augen, auch wenn der Weg von »Leichen gepflastert« ist.

✿ Angst ist ein Mittel, das man bewußt und gerne einsetzt, um andere gefügig zu machen.

✿ Diskussionen kommen erst gar nicht auf. Man ist von seiner Meinung überzeugt und setzt diese mit allen Mitteln durch.

✿ Diese Herrschermentalität kommt in jedem Bereich des Lebens zum Vorschein. Situationen, die einem nicht ins Konzept passen, werden mit äußerster Ruppigkeit und Aggression aufs schärfste verurteilt. Man agiert rücksichtslos, ohne jemals einen Gedanken darüber zu verlieren, ob man dabei andere Menschen verletzt.

✿ Damit verbunden sind Zustände innerer Verspanntheit, die sich auch in körperlichen Symptomen manifestieren: Bluthochdruck, Verspannungszustände, Leberfunktionsstörungen usw.

✿ Alles in allem ist man nicht gerne gesehen, die Art, andere Menschen zu behandeln, läßt sich freiwillig niemand gerne gefallen und wenn möglich, geht man einem aus dem Weg.

Kinder

Vine-Kinder sind richtige kleine Tyrannen, denen jedes Mittel recht ist, ihren Willen durchzusetzen. Anderen gegenüber fehlt ihnen die Sensibilität und das Taktgefühl. Sie müssen immer die erste Geige spielen, Kritik und Tadel von Erwachsenen berührt sie nicht sehr, denn sie sind ja überzeugt, daß sie alles richtig machen.

Die Wirkung von Vine

Vine wird helfen, gegenüber seinen Mitmenschen sensibler zu werden. Auch wenn man nicht mehr mit aller Härte und Rücksichtslosigkeit den Tyrannen darstellt, werden die anderen die potentiellen Fähigkeiten zu schätzen wissen. Ebenso wird sich das innere Bild ins Harmonische wandeln, denn mit all diesen positiven Attributen wird ein Zusammenleben jeglicher Art ein wohltuendes Erlebnis.

Begleitende Maßnahmen

Obwohl das Ausleben von Machtgefühlen auch eine gewisse Art der Befriedigung darstellt, ist es wohl doch angenehmer, morgens aufzuwachen und zu wissen, eine harmonische Beziehung zu anderen Menschen zu haben, zumal diese eine echte Bereicherung für das Leben darstellt. Vielleicht genügt manchen Menschen die bloße Erkenntnis, Macht über andere zu besitzen, mit Härte und Rücksichtslosigkeit andere hinter sich zu lassen, aber man sei versichert, daß damit die Zeit der Einsamkeit und Trostlosigkeit vorprogrammiert ist; und schließlich ist jeder von uns irgendwann an einem Punkt, wo er auf sein Leben zurückblickt und von der Realität seines Lebens eingeholt wird.

Hilfreich kann jegliches Hobby sein, das in einer Gruppe von Leuten ausgeführt werden muß, wie beispielsweise eine Mannschaftssportart oder das Mitwirken in einem Chor. Auf diese Weise läßt sich spielerisch der Umgang mit anderen erlernen, die in gleichwertiger Position sind.

Mentales Training mit seinen positiven Programmiersätzen und Vorstellungsbildern kann helfen, das innere Gleichgewicht zu festigen. Auch andere Übungsformen, die harmonisierend auf Geist und Körper wirken, wie Tai Chi oder Yoga, können an dieser Stelle nur empfohlen werden.

Man sollte auch bewußt versuchen, sich auf die Anregungen und Meinungen anderer einzustellen, beispielsweise bei Diskussionen anderen zuzuhören, darüber nachzudenken oder öfter mal den Wünschen der anderen nachzugeben, auch wenn es nicht leicht fällt - man wird es einem in jeder Form danken.

Fehler, die man ständig wiederholt

Chestnut Bud *ist die Bach-Blüte der ersten Wahl, wenn man immer und immer wieder denselben Fehler begeht, ohne daraus etwas zu lernen.*

Weitere Blüten

Clematis: Man begeht Fehler, ist zerstreut und unaufmerksam infolge Tagträumerei.
Impatiens: Fehler werden vor lauter Ungeduld begangen.

Chestnut Bud
(Aesculus hippocastanum, Roßkastanienknospe)

Die Blüten- und Blattknospen der Roßkastanie werden dazu verwendet, Bach-Blüten-Essenzen herzustellen. Der mächtige Baum wird ca. 25 Meter hoch und trägt seine weißen, mit gelblichen oder rötlichen Zeichen versehenen Blüten von Mai bis Juni. Zur Gewinnung der Essenz werden nur die Knospen verwendet; sie wird durch die Sonnenmethode hergestellt.

Die Seele der Pflanze

Dr. Bach interpretierte in die Knospe des Kastanienbaums die Seelenqualität des Lernens und des Neuanfangs. So wie die Knospe immer wieder die Entscheidung trifft, sich zu entfalten und die Blüte freizugeben, so wird der Mensch mit Chestnut Bud seine Gedankenwelt so koordinieren, daß er die richtigen Entscheidungen für sich trifft.

Das Chestnut-Bud-Bild

✿ Menschen im Chestnut-Bud-Zustand haben nicht die Fähigkeit, aus Fehlern zu lernen. Während andere aus den Lektionen, die ihnen das Leben erteilt, Schlüsse ziehen, um das nächste Mal entsprechend zu reagieren, tappen Chestnut-Bud-Menschen immer wieder unter denselben Bedingungen in die gleiche Situation.

✿ Man hat nicht die Fähigkeit, aus Erlebnissen Schlüsse zu ziehen und diese gedanklich und gefühlsmäßig zu verarbeiten.

✿ Negative Ereignisse werden meist beiseite geschoben und der Lerneffekt, den sie gewöhnlich mit sich bringen, bleibt aus.

✿ Chestnut-Bud-Menschen wirken auf andere, als ob sie ihre Vergangenheit haben verschwinden lassen. Man steht bei ein und demselben Problem immer wieder vor einer neuen Entscheidung, als ob es vorher noch nie aufgetreten wäre.

✿ Auch körperlich zeigen sich Symptome bei Menschen im Chestnut-Bud-Zustand, beispielsweise anhand von Krankheiten, die in Perioden immer wiederkehren.

✿ Vielen Dingen, die eine Bereicherung des persönlichen Erlebnisschatzes darstellen würden, steht man oft teilnahmslos gegenüber.

✿ Man redet häufig darüber, daß immer wiederkehrende Dinge falsch laufen. Bekommt man gute Ratschläge, werden sie ignoriert, so daß Außenstehende den Eindruck gewinnen, man wäre mit seiner Art des Lebensablaufs eigentlich recht zufrieden.

✿ Oft beginnt man viele Dinge, ohne sie zu Ende zu führen.

Kinder

Das Chaos bestimmt das Leben dieser Kinder. Zu Hause, in der Schule, beim Spielen. Auf das, was ihnen gehört oder anderen, geben sie keine acht. Sie lernen nichts aus ihren Fehlern, sind unachtsam und gedankenlos.

Die Wirkung von Chestnut Bud

Mit Hilfe von Chestnut Bud wird die Lernfähigkeit gesteigert, so daß man dem alltäglichen Leben mit mehr Sicherheit begegnen wird. »Aus Schaden wird man klug«, lautet die alte Weisheit, die in Zukunft auch auf einen selbst zutreffen wird. Erfahrungen, die man macht, werden genutzt und schützen vor so manchem Schaden, weil man in der Lage ist, Situationen schon im Vorfeld einzuschätzen.

Begleitende Maßnahmen

Im Grunde weiß man, daß sehr vieles verdrängt wird und dadurch nicht richtig aufgearbeitet werden kann. Man möchte an seiner Situation ja etwas ändern, findet aber nicht den Mut, einen Anfang zu machen. Folgende Übung kann helfen, einen Einstieg zu finden: Wenn Sie abends im Bett liegen, lassen Sie die Ereignisse des Tages noch einmal vor Ihrem geistigen Auge ablaufen. Versuchen Sie, die einzelnen Situationen zu analysieren und zu bewerten, wie Sie beispielsweise einer Situation das nächste Mal anders gegenübertreten würden oder was Sie aus einer Situation gelernt haben.
Als Unterstützung ist auch eine psychotherapeutische Behandlung angeraten. Dort werden Sie auf gewisse Erlebnisse zurückgeführt, die Sie selbst nicht antasten wollen, weil Ihnen der Mut fehlt, oder weil es zu mühsam wäre.

Geltungsbedürfnis, Schwatzhaftigkeit

Heather *ist die Bach-Blüte der ersten Wahl, wenn man ständig das Bedürfnis hat, im Mittelpunkt zu stehen und andere bis zur Unerträglichkeit vollzuschwatzen.*

Weitere Blüten

Chicory: Übertriebene Fürsorge, dabei aufdringlich. Das starke Verlangen nach Gegenleistungen.

Heather
(Calluna vulgaris, Heidekraut)

Das Heidekraut, das sehr oft mit dem Erikakraut verwechselt wird, gedeiht auf kargen Böden. Es wächst bevorzugt auf weiten Flächen und ist dort zumeist die einzige Pflanze, denn es entzieht dem Boden alle angebotenen Nährstoffe. Die zierliche Pflanze wird 10 - 20 cm hoch und trägt ihre weißen oder rosafarbenen Blüten zwischen Juli und Oktober. Die Herstellung der Essenz erfolgt durch die Sonnenmethode.

Die Seele der Pflanze

Heather repräsentiert die Seelenqualität der Bescheidenheit, des Einfühlungsvermögens und der Hilfsbereitschaft.

Das Heather-Bild

✿ Menschen im Heather-Zustand haben ein enorm starkes Geltungsbedürfnis. In Gesellschaft müssen sie unter allen Umständen im Mittelpunkt stehen, auch wenn sie sich dabei zum Kasper machen.

✿ Man ist extrovertiert, redet auf Menschen so sehr ein, daß man häufig gemieden wird, da die anderen schon fürchten, wieder zu Boden geredet zu werden.

✿ Man braucht das Publikum, um seine Probleme breittreten zu können oder seine Taten heroisch zu loben.

✿ Heather-Menschen sind hartnäckig. Wenn sie ein Opfer gefunden haben, das ihnen Aufmerksamkeit schenkt, bedarf es schon schärferer Maßnahmen, um sich aus ihren Klauen zu befreien.

✿ Betroffene erzählen um des Auffallens willen. Meist ist es gar nicht so wichtig, wem sie etwas erzählen können, Hauptsache, sie können irgend jemanden mit ihren Geschichten behelligen.

✿ Oft werden Heather Menschen in ihrer Redesucht peinigend, sie erzählen von intimsten Dingen, die absolut niemanden interessieren und nur unangenehm wirken.

✿ Man ist extrem egozentrisch sowie eitel und eigentlich nicht an den Anliegen anderer interessiert. Im Heather-Zustand macht man nicht einmal den Eindruck, als wolle man auch einmal anderen zuhören, man ist auch nicht interessiert, andere einmal zu Wort kommen zu lassen.

✿ Manchmal kehrt sich der Heather-Zustand von der enormen Extrovertiertheit in eine Introvertiertheit, nämlich dann, wenn man aufgrund seines Verhaltens von anderen gemieden und immer mehr ins Abseits gedrängt wird.

Kinder

Ein gewisses Maß an Egoismus ist bei Kindern normal. Doch mischen sich Kinder mit einer rechthaberischen Art ein, wenn andere reden, oder weisen sie andere Kinder stets zurecht, sollte etwas gegen dieses zu hohe Maß an Egoismus getan werden. Es sind jene Kinder, die immer Beifall brauchen, eitel und angeberisch sind.

Die Wirkung von Heather

Heather wird helfen, seinen Mitmenschen mit mehr Verständnis und Einfühlungsvermögen gegenüberzutreten. Man wird plötzlich feststellen, daß Menschen auf einen zugehen, man auch ohne wichtigtuerische Reden beachtet wird. Von den Mitmenschen wird man als Diskussionspartner gerne akzeptiert, weil man nun auch in der Lage ist zuzuhören.

Begleitende Maßnahmen

Menschen im Heather-Zustand müssen lernen, daß es auch noch andere Menschen in ihrem Umfeld gibt, die genauso viel Interesse beanspruchen wie man selbst. Man sollte sich bewußt im Zuhören üben, anderen die Möglichkeit bieten, in das Gespräch einzusteigen.
Eine gute Übung, um sich etwas von sich selbst zu lösen und für andere mehr Interesse aufzubringen, ist ein Vorsatz, mit dem sie jeden neuen Tag beginnen: »Jeden Tag eine gute Tat für andere - ohne Selbstzweck.«

Gutmütigkeit, Willenlosigkeit

***Centaury** ist die Bach-Blüte der ersten Wahl, wenn man zu gutmütig ist, nicht »nein« sagen kann und dadurch ausgenutzt wird.*

Weitere Blüten

Cerato:	Wegen Unsicherheit und mangelndem Selbstvertrauen ist man leicht zu beeinflussen.
Pine:	Die ständigen Selbstvorwürfe und Schuldgefühle drängen zu selbstlosen Handlungen.
Red Chestnut:	Zwanghafte Selbstaufopferung.

Centaury
(Centaurium umbellatum, Tausendgüldenkraut)

Das Tausendgüldenkraut wird 8 - 40 cm groß und trägt seine rosa Blüten von Juni bis August. Die Blüten öffnen sich nur bei ausgesprochen gutem Wetter. Die Herstellung der Essenz erfolgt durch die Sonnenmethode.

Die Seele der Pflanze

Dr. Bach sah in der grazilen Pflanze die Seelenqualität der Kraft und des Durchsetzungsvermögens. Eine Vielzahl an Blüten trägt das Tausendgüldenkraut auf jedem Stämmchen, doch nur an schönen Tagen gehen sie auf.

Das Centaury-Bild

✿ Centaury-Menschen können sich trotz ihrer enormen Kraft nicht durchsetzen. Es ist ihnen nicht möglich, eine Bitte abzuschlagen oder sich gegen den Willen eines anderen durchzusetzen.

✿ Wenn man gerügt wird, akzeptiert man es ohne Gegenwehr, ist richtiggehend unterwürfig, so wie man sich den perfekten Diener vorstellt.

✿ Aufgrund seiner Veranlagung, einfach nicht »nein« sagen zu können, wird man schamlos ausgenutzt.

✿ Oft verpulvert man soviel Energie und Zeit für andere, daß man selbst mit seinen Bedürfnissen auf der Strecke bleibt.

✿ Im Grunde ist man jedoch über diesen Zustand nicht unglücklich, denn auf diese Art und Weise bekommt man die Anerkennung und die Selbstbestätigung, die jeder Mensch zur Pflege seines Selbstwertgefühls braucht.

✿ Man wird richtiggehend zum Sklaven eines Vorgesetzten, Ehepartners oder Elternteils und hat einfach nicht den Willen, sich zu befreien.

✿ Nur ungern trifft man selbst Entscheidungen, läßt sich lieber von der Meinung anderer leiten, denn die anderen werden wohl wissen, was sie sagen.

✿ Die ständigen Belastungen ermüden, man fühlt sich ausgelaugt und schwach. Die eigene Kraft wird überschätzt, man gibt oft mehr, als man eigentlich zu geben hat.

Kinder

Aus Angst ausgeschlossen zu werden, sind diese Kinder unfähig, nein zu sagen. Sie lassen sich unterdrücken und vieles wegnehmen. Eltern empfinden sie als äußerst leicht zu handhabende Kinder. In der Schule neigen sie dazu, immer zuviel zu lernen.

Die Wirkung von Centaury

Centaury wird das Selbstwertgefühl verbessern, so daß man damit leben kann, es nicht immer allen recht gemacht zu haben. Man wird erkennen, daß sich das Leben in erster Linie um die eigene Person dreht, daß die eigenen Bedürfnisse befriedigt werden müssen, um dem Leben ehrliche Inhalte zu geben. Auf diesem Weg wird man auch eine ganz neue Erfahrung im Umgang mit Menschen machen. Nämlich, als gleichwertiger Mensch und nicht als Untertan behandelt zu werden.

Begleitende Maßnahmen

Wichtig ist zu erkennen, daß man mit seinen Lebensbedingungen nicht zufrieden ist und sein Leben nach den eigenen Vorstellungen ausrichten möchte und nicht nach denen der anderen. Dazu ist es notwendig, »nein« sagen zu lernen, auch mit der Konsequenz, daß man dabei nicht immer auf Wohlwollen stoßen wird, gerade weil man vom Centaury-Menschen anderes gewöhnt ist. Aber zum Menschsein gehört nun auch eine gesunde Portion Egoismus, die den Menschen schützt und auch dabei hilft, seine eigenen Wünsche durchzusetzen. Denn dies bringt mindestens so befriedigende Ergebnisse wie der Dank und die Anerkennung, die man durch den ewigen Dienst an anderen erhält.

Hoffnungslosigkeit, Verzweiflung

Gorse *ist die Bach-Blüte der ersten Wahl bei absoluter Hoffnungslosigkeit und Verzweiflung.*

Weitere Blüten

Wild Rose:	Man hat völlig resigniert, vegetiert vor sich hin und hat jegliches Interesse verloren.
Mustard:	Ohne Grund traurig und deprimiert. Nichts im Leben hat mehr Sinn.

Gorse
(Ulex europaeus, Stechginster)

Der Stechginster wächst auf steinigem, trockenem Untergrund, die Blütezeit ist zwischen März und Juni. Seine leuchtend gelben Blüten werden von dornigen grünen Stengeln getragen. Die Herstellung der Essenz erfolgt durch die Sonnenmethode.

Die Seele der Pflanze

Die strahlenden sonnengelben Blüten auf den dornigen Stengeln im steinigen Boden symbolisieren die Kraft und den Mut, auch in schwierigen Lebenssituationen nicht die Hoffnung zu verlieren.

Das Gorse-Bild

✿ Der Gorse-Mensch ist müde, bleich und von den ständigen Tiefschlägen des Lebens ausgezehrt, denen er hoffnungslos gegenübersteht. Er findet keine Kraft und keinen Mut, sich erneut aufzuraffen, das Leben scheint sinnlos und man glaubt nicht mehr daran, daß einem geholfen werden kann.

✿ Ist der Gorse-Mensch zum Beispiel von einer Krankheit gezeichnet, kann es möglich sein, daß verschiedene Therapien ausprobiert werden und keine so richtig anschlägt. Dann ist er völlig verzweifelt und mutlos und findet einfach nicht mehr den Willen, sich gegen die Krankheit zu wehren. Er glaubt, was er auch tut, wird sowieso fehlschlagen.

✿ Man ist davon überzeugt, daß das Leben nichts mehr bieten kann, alles ist trist und grau.

✿ Es wird auf ein Ereignis von außen gewartet, das die Krise beenden könnte, denn es fehlt die Kraft, sich selbst aufzuraffen und um sein Wohl zu kämpfen.

✿ Menschen im Gorse-Zustand glauben nicht mehr an Rettung, ihr Schicksal scheint beschlossen.

Kinder

Hoffnungslosigkeit, die sich entweder in lautem, aggressivem Verhalten oder in Stille und Traurigkeit ausdrückt, erkennt man in den Augen jener Kinder im Gorse-Zustand. In der Schule werden sie meist zu Außenseitern. Oft sind schlechte Noten das Resultat. In vielen Fällen sind familiäre Probleme die Auslösefaktoren dieses Verhaltens.

Die Wirkung von Gorse

Gorse wird helfen, neue positive Ansätze im Leben und neuen Lebensmut zur Bewältigung der jeweiligen Krisensituation zu finden. Man wird spüren, daß nicht alles umsonst ist und daß es immer wieder neue Wege gibt, die zu einer Heilung führen können. Mit dem Schicksal wird nicht mehr gehadert, es wird akzeptiert, um den positiven Seiten des Lebens mehr Gewicht geben zu können.

Begleitende Maßnahmen

In solchen Situationen neuen Mut zu fassen, ist nicht leicht. Auch das gute Zureden anderer kann meist nicht aufgenommen werden. Trotzdem ist es wichtig, sich nicht fallenzulassen, sondern gegen die Hoffnungslosigkeit aufzulehnen. Eine gute begleitende Maßnahme ist die körperliche Aktivierung, die ständig durchgeführt werden sollte. Auf diesem Weg kann man lernen, seinen Willen zu trainieren und trotz geringer Motivation aktiv zu werden. Auch Spaziergänge an frischer Luft bei Sonnenschein können hilfreich sein, um die düsteren Gedanken wenigstens zeitweise zu vergessen.
Mentale Trainingsformen, die mit positiven Programmiersätzen arbeiten, sind sehr ratsam. Bei konsequenter Anwendung zeigen sie in der Regel recht gute Wirkung und helfen, Krisen zu überwinden.
»Man ist, was man denkt.« Positive wie negative Gedanken beeinflussen zu einem großen Teil unser Sein, den Weg, den unser Schicksal nimmt. Auch Krankheit ist ein Teil unseres Selbst, und wie sie sich entwickelt, hängt oft in großem Maß davon ab, mit welchen Gedanken man sich ihr zuwendet.

Intoleranz, Kritiksucht

Beech *ist die Bach-Blüte der ersten Wahl, wenn einem nie etwas gut genug ist, man ständig an allem herumkritisiert und keine Toleranz aufbringt.*

Weitere Blüten

Vine:	Intoleranz, Tyrannei, da man von seinen Fähigkeiten überzeugt ist und immer die Führungsrolle anstrebt.
Rock Water:	Intoleranz und geistige Einengung durch ein extremes Streben nach seinen Idealen.

Beech
(Fagus sylvatica, Rotbuche)

Der sommergrüne Laubbaum kann eine stolze Höhe von 30 Metern erreichen. Der Baum trägt männliche und weibliche Blüten, die in der Zeit von Mai bis Juni blühen. Die Herstellung der Essenz erfolgt durch die Kochmethode.

Die Seele der Pflanze

Dr. Bach erkannte in der Blüte die Seelenqualität der Toleranz und des Mitgefühls.

Das Beech-Bild

✿ Menschen im Beech-Zustand setzen sehr subjektive Maßstäbe bei der Bewertung anderer, kritisieren ständig und legen ein kleinkariertes, pedantisches, intolerantes Verhalten an den Tag.

✿ Man lebt mit extremen Vorurteilen und verurteilt jeden, der anders lebt und denkt als man selbst.

✿ Menschen anderer Kulturkreise sind bevorzugte Opfer von Menschen im Beech-Zustand.

✿ Leistungen und Arbeiten anderer werden ständig kritisiert, herabgewürdigt, verhöhnt und bewitzelt.

✿ Man versucht, seine eigenen Ideale und Vorstellungen auf seine Umwelt zu übertragen, ist pedantisch, streng und ordnungsliebend.

✿ Fehler werden nur bei anderen gesucht, man ist sogar richtiggehend darauf programmiert, sie zu suchen, erkennt seine eigenen aber niemals.

✿ Menschen im Beech-Zustand machen sich wenig Gedanken bei der Beurteilung anderer, beispielsweise unter welchen Bedingungen sie aufgewachsen sind oder welche Ausbildung sie genießen konnten.

✿ Auf andere wirkt man überheblich, rechthaberisch und geht seiner Umgebung wegen seiner ständig kritischen, besserwisserischen Art furchtbar auf die Nerven.

✿ Es wird nicht einmal der Versuch gemacht, etwas Positives in der Einstellung oder Arbeit anderer zu sehen.

✿ Das ständige Kritisieren wird als gerechtfertigt empfunden, denn man ist von der Dummheit der anderen überzeugt.

Kinder

Diese Kinder sind ihren Mitmenschen gegenüber sehr unduldsam. Sie nörgeln häufig und lehnen alles Fremde ab, mit der Begründung, es wäre sowieso zu »fad« oder zu »doof«. Sie sind nach kurzer Zeit mit allem unzufrieden.

Die Wirkung von Beech

Beech wird helfen, das Leben und die Menschen in einem positiveren Licht zu sehen und zu erkennen, daß jeder Mensch ein fehlbares Wesen ist. Bei der Beurteilung von Menschen wird man mehr Weitblick beweisen, ihnen mit Güte und Toleranz gegenübertreten.

Begleitende Maßnahmen

Toleranz ist der einzige Weg, der Menschen im Beech-Zustand einen liebevolleren Umgang mit anderen bescheren kann. Anstatt brutal mit der verbalen Axt auf den Fehlern anderer herumzureiten, sollte man den Versuch unternehmen, mit einem Lächeln darüber hinwegzusehen. Das, was man in seine Umwelt ausstrahlt, wird von der Umwelt reflektiert. Man sollte sich selbst am Schopf packen und - sich und seiner Umwelt zuliebe - der Welt ein Lächeln schenken -, anstatt pausenlos auf ihrer Fehlerhaftigkeit herumzureiten. Auch hier kann jede Form des mentalen Trainings helfen, sich von seiner Eisscholle zu trennen und einen Weg in ein toleranteres Leben mit einer gewissen Einfühlsamkeit für die Schwächen oder die Andersartigkeit seiner Mitmenschen zu finden.

Kraftlosigkeit, physische und psychische Erschöpfung

Olive *ist die Bach-Blüte der ersten Wahl, wenn man nach einer langen Phase harter Strapazen völlig ausgebrannt ist und glaubt, seine Kraft verloren zu haben.*

Weitere Blüten

Hornbeam: Grundlose geistige Müdigkeit und Schwäche; Überlastung durch tägliche Anforderungen.

Gorse: Müde und bleich, von den ständigen Tiefschlägen des Lebens ausgezehrt.

Olive

(Olea europaea, Olivenbaum)

Der immergrüne Baum kann mehrere hundert Jahre alt werden. Er erreicht eine Höhe zwischen 2 und 10 Metern, hat silbrig-grüne Blätter und wächst in mediterranen Klimazonen. Von Mai bis Juni trägt der Baum seine weißen Blüten. Die Herstellung der Essenz erfolgt durch die Sonnenmethode.

Die Seele der Pflanze

Weil sich der schwächlich, knorrig aussehende Baum über Jahrhunderte gegen die Einflüsse seiner Umwelt wehrt, von Insekten oder Schmarotzerpflanzen verschont bleibt, steht er als Symbol für die Kraft und die Widerstandsfähigkeit.

Das Olive-Bild

✿ Menschen, die Olive benötigen, haben sich lange Zeit völlig verausgabt, Raubbau mit ihren Kräften getrieben und sind so aus dem Gleichgewicht geraten. Sie fühlen sich müde, ausgebrannt und haben das Gefühl, einfach nicht mehr zu können.

✿ Die Reserven sind nach familiären Problemen, langer körperlicher oder geistiger Arbeit oder langen Phasen, in denen man sich zu wenig Schlaf gegönnt hat, völlig verbraucht.

✿ Die kleinsten Arbeiten, die im täglichen Leben anfallen, werden zur unüberwindbaren Hürde.

✿ Man möchte sich am liebsten mit nichts und niemandem auseinandersetzen, einfach nur noch sitzen oder liegen, um sich auszuruhen.

✿ Das Gefühl, völlig am Ende zu sein, dominiert.

✿ Wer sich im Olive-Zustand befindet, möchte nur schlafen, dabei fällt er voller Müdigkeit ins Bett und schläft dann meist sehr schlecht. Er ist körperlich von diesen Strapazen gekennzeichnet, hat stark an Gewicht verloren, ist blaß und hat Kreislaufbeschwerden.

Kinder

Betroffene Kinder wirken müde, schlapp, lustlos und desinteressiert. Sie sind blaß und unruhig. Ihre körperliche und geistige Stärke ist mit der anderer Gleichaltriger nicht zu vergleichen. Sie sind richtiggehend erschöpft.

Die Wirkung von Olive

Olive wird helfen, die verlorengegangene Energie schneller nachzuladen. In Zukunft wird es leichter gelingen, die inneren Warnmeldungen, die Geist und Körper von sich geben, wenn sie ausgelaugt sind, bewußt wahrzunehmen. So ist man in der Lage, entsprechend zu handeln, um es erst gar nicht wieder zum Zusammenbruch kommen zu lassen.

Begleitende Maßnahmen

Meist treten diese Erschöpfungszustände bei gewissen Menschen in regelmäßigen Abständen auf. Daher sollte man lernen, mit seinen Kräften hauszuhalten. Jeder Mensch besitzt ein gewisses Potential an Energie, das ihm zur Mobilisierung seiner Kräfte zur Verfügung steht. Bei jedem hat dieses Potential ein anderes Niveau, und man sollte sich nicht an der Energie anderer messen, sondern auf sein Inneres hören: Es sagt früh genug, wann es zuviel wird, wann man an seine Grenzen gelangt.
Unter solchen Umständen empfiehlt sich auf alle Fälle eine Art des Entspannungstrainings. Auch Erholung im Grünen, an frischer Luft hilft zu entspannen und die Energietanks wieder aufzuladen.

Mutlosigkeit, Skepsis

***Gentian** ist die Bach-Blüte der ersten Wahl bei Mutlosigkeit, Skepsis und Pessimismus.*

Weitere Blüten

Gorse:	Man ist entmutigt, verzweifelt, von den ständigen Tiefschlägen des Lebens ausgebrannt.
Star of Bethlehem:	Verzweiflung infolge eines erschütternden Ereignisses.
Sweet Chestnut:	Tiefe Verzweiflung, man sieht keinen Ausweg aus seiner Situation.

Gentian
(Gentiana amarella, Herbstenzian)

Die Blume wird bis zu 20 cm groß und reckt ihre Wurzeln tief in den kargen Boden, den sie bevorzugt. Die Pflanze trägt ihre blauen oder purpurfarbenen Blüten von August bis Oktober. Die Essenz wird durch die Sonnenmethode hergestellt.

Die Seele der Pflanze

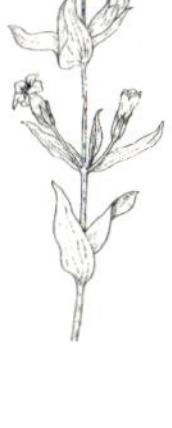

In unseren Breiten wird der Enzian gerne mit dem Glauben in Verbindung gebracht. Dieser bezieht sich dabei nicht nur auf religiöse Themen, sondern auch auf das Prinzip und den Sinn des Lebens, das Göttliche und die höhere Ordnung des Menschen.

Das Gentian-Bild

✿ Der Mensch im Gentian-Zustand hat den Glauben an sich selbst verloren. Er ist grundsätzlich pessimistisch, trägt düstere Gedanken mit sich herum und läßt sich sehr schnell entmutigen.

✿ Auch wenn es offensichtlich ist, daß man nach einer Krankheit dabei ist zu genesen oder daß man beruflich gute Chancen hat weiterzukommen, ist man beim kleinsten Rückfall verunsichert und zweifelt an der positiven Entwicklung der Dinge.

✿ Ständig hat der Gentian-Mensch das Gefühl, nichts zuwege zu bringen, und daß alles, was er anfaßt, schieflaufen wird.

✿ Hat man einmal Erfolg, schreibt man diesen allen möglichen Ursachen zu, nicht aber seiner eigenen Leistungsfähigkeit.

✿ Nach einschneidenden Ereignissen, beispielsweise einer Scheidung oder Verlust des Arbeitsplatzes, fällt der Betroffene in eine langandauernde, depressive Phase. Er glaubt einfach nicht daran, daß er einmal Glück haben wird.

✿ Gentian-Menschen sind stets in dem Glauben, es werde mehr von ihnen erwartet, als sie zu leisten imstande sind.

✿ Man steht allen Dingen im Leben grundsätzlich sehr skeptisch gegenüber und geht gerne vom Schlimmsten aus, da man dann wenigstens keine Enttäuschungen hinnehmen muß.

Kinder

Resignation und Pessimismus sind die Weggefährten dieser jungen Menschen. Sie blicken immer mit Skepsis in den nächsten Tag und erwarten nur das Schlechteste. Auch geben sie Aktivitäten, wie Schwimmen oder Radfahren, gleich wieder auf, wenn sie dabei nicht bald Fortschritte erzielen.

Die Wirkung von Gentian

Gentian wird den Mut und den Glauben an die eigenen Fähigkeiten zurückgeben. So kann Konflikten und schwierigen Aufgaben mit einer ganz anderen Einstellung begegnet werden. Statt den Kopf hängen zu lassen und sich permanent davon zu überzeugen, daß man es sowieso nicht schaffen kann, wird man die Ärmel hochkrempeln und mit Überzeugung an die Sache herangehen. Auch die Umwelt wird positiv auf den neuen positiven Menschen reagieren.

Begleitende Maßnahmen

Man sollte unbedingt eine Technik des mentalen Trainings erlernen. Damit liegt jedem ein gutes Werkzeug in der Hand, um mit positiven Programmiersätzen Skepsis und Pessimismus in eine positivere Lebensanschauung umzuwandeln.
»Nobody is perfect.« Diesen Satz sollte man sich zur Grundeinstellung seines Lebens machen. Jeder gewinnt oder verliert einmal, und jeder muß damit leben. Doch eines sei versichert: So sehr das Leben auch durch Zufälle geprägt wird, es liegt doch sehr viel an der eigenen Einstellung und Ausstrahlung, wie man diese Zufälle zu seinen Gunsten manipuliert.
Je positiver Sie wirken, desto positiver wirkt Ihre Umwelt auf Sie.

Müdigkeit, fehlende Antriebskraft

Hornbeam *ist die Bach-Blüte der ersten Wahl, wenn man sich morgens wie zerschlagen fühlt, ohne Grund geistig und körperlich müde ist und die täglichen Aufgaben zu unüberwindbaren Hürden werden.*

Weitere Blüten

Olive: Man ist müde und ausgebrannt, infolge langer harter Beanspruchung.

Elm: Unsicherheit und Müdigkeit, Angst zu versagen, man ist den täglichen Aufgaben nicht mehr gewachsen.

Hornbeam

(Carpinus betulus, Weißbuche oder Hainbuche)

Der bis zu ca. 20 Meter hohe Baum ähnelt der Rotbuche, ist nur etwas kleiner. Er wächst vorwiegend in Hoch- und Niederwäldern. Von April bis Mai erblühen die hängenden männlichen Blütenkätzchen und die aufrecht wachsenden weiblichen Blüten. Die Essenz wird durch die Kochmethode gewonnen.

Die Seele der Pflanze

Hornbeam verkörpert Lebendigkeit, Aktivität und Frische. Es ist ein Baum mit enorm hartem Holz; er läßt sich kaum verletzen und hält den stärksten Beanspruchungen stand.

Das Hornbeam-Bild

✿ Hornbeam ist für Menschen geeignet, die morgens mit einem »Montagmorgen-Gefühl« in den Tag gehen. Sie fühlen sich körperlich und geistig müde und glauben, die Aufgaben des Alltags nicht bewältigen zu können.

✿ Man fühlt sich so richtig leergepumpt, ohne daß die Belastungen entsprechend groß sind.

✿ Die Müdigkeit ist in erster Linie ein mentales Problem, so zeigt sie sich auch viel intensiver im geistigen als im körperlichen Bereich.

✿ Routineangelegenheiten des Alltags scheinen sich zu einem riesigen, unüberwindbaren Hindernis aufzubauen, das nicht mehr bewältigt werden kann.

✿ Wird ein Mensch im Hornbeam-Zustand aus seiner Routine gerissen und durch eine wirkliche Aufgabe gefordert, ist die Müdigkeit wie weggeblasen; man ist agil und voller Enthusiasmus.

✿ Die Antriebslosigkeit steigert sich mit der Vorstellung, was der Tag an Arbeit bringt.

✿ Für Menschen im Hornbeam-Zustand ist der Schlaf wenig erquickend, sie fühlen sich morgens, als hätten sie nicht geschlafen.

✿ Manchmal kostet es sehr viel Überwindung, mit der Arbeit überhaupt zu beginnen, und meist benötigt man ein Stimulationsmittel wie Kaffee oder Tee, um in Schwung zu kommen.

✿ Die alltäglichen Lebensabläufe sind eingefahren und in feste Normen gepreßt.

✿ Nach Bildschirmarbeiten, Fernsehen oder Lesen verschlimmert sich das Schlaffheitsgefühl.

Kinder

Müde und schlaff gehen diese Kinder in der Frühe aus dem Haus, und so kommen sie auch wieder heim. Sie sind nicht voller Elan wie andere Kinder ihres Alters. Es fällt ihnen auch schwer, die Schulaufgaben zu machen, weil sie das Gefühl haben, diese Anstrengung nicht durchzustehen.

Die Wirkung von Hornbeam

Hornbeam belebt die Sinne, erfrischt und aktiviert die Lebensgeister. Morgens sieht man den Tag viel optimistischer, ist agil und geht mit einem positiven Gefühl zur Arbeit. Die schöpferischen Kräfte werden geweckt, Ideen spontan umgesetzt, und auch im privaten Bereich fängt man wieder an, sich für den Abwechslungsreichtum des Lebens zu interessieren.

Begleitende Maßnahmen

Für Menschen im Hornbeam-Zustand ist es wichtig, dem Leben neue Perspektiven zu geben. Oft ist ein Arbeitsplatzwechsel von Vorteil, er setzt neue Impulse, bewegt zur Agilität. Im privaten Bereich sollte man aus den eingefahrenen Alltagsschemen ausbrechen, neue Aktivitäten entwickeln, neue Bekanntschaften schließen. Körperliche Betätigung jeder Art in der freien Natur ist nur zu empfehlen, sie hilft, die Einseitigkeit der Alltagsroutine auszugleichen.

Neid, Eifersucht, Mißtrauen

***Holly** ist die Bach-Blüte der ersten Wahl, wenn man von Eifersucht, Neid, Mißtrauen und Haß geplagt wird.*

Weitere Blüten:

Vine:	Tyrannisch, Kritik oder Widerspruch wird nicht vertragen.
Beech:	Ständig kritisierend, ablehnend, empfindlich und aggressiv gegen alles Fremde.
Cherry Plum:	Unkontrollierbare, aggressive Anfälle.

Holly
(Ilex aquifolium, Stechpalme)

Die Stechpalme gedeiht in mildem Klima, hat immergrüne glänzende Blätter, und ihr Stamm ist von roten Beerenbüscheln besetzt. Der Strauch, oder kleine Baum, trägt seine wohlriechenden weißen Blüten von Mai bis Juni. Die Herstellung der Essenz erfolgt durch die Kochmethode.

Die Seele der Pflanze

Die Pflanze wird in verschiedensten Ländern des Mittelmeerraumes als Weihnachtsbaum, das Symbol des Friedens und der Nächstenliebe, verwendet. Und genau diese Seelenqualitäten erkannte Dr. Bach in der Pflanze.

Das Holly-Bild

✿ Holly-Menschen werden von Neid- und Eifersuchtsgefühlen geplagt. Sie sehen in allem nur das Negative und sind richtiggehend auf der Suche nach neuen Nährböden für ihre Gefühle. Man ist ständig schlecht gelaunt, zeigt stark cholerische Züge und könnte wegen jeder Kleinigkeit aus der Haut fahren.

✿ Betroffene fühlen sich in ihrer Situation absolut nicht wohl, haben ständig das Gefühl, hintergangen zu werden und können keiner Sache positive Aspekte abgewinnen.

✿ Wenn jemandem etwas zustößt, dem man schon seit langem Neidgefühle entgegenbringt, ist man innerlich zutiefst befriedigt und voller Schadenfreude.

✿ Immer wieder schlittert man in Konfrontationen, weil man hinter Äußerungen anderer persönliche Angriffe vermutet, die einen verunsichern und kränken.

✿ Schwächeren gegenüber fühlt sich der Holly-Mensch überlegen und setzt diese innerlich herab.

✿ Seine eigenen Fehler sieht man im Holly-Zustand nicht, sondern sucht immer einen Schuldigen, den man verantwortlich machen kann.

✿ Seinem Partner oder auch Freunden gegenüber empfindet man oft zu Unrecht Eifersucht.

✿ Das Leben ist von Mißtrauen geprägt, hinter allem und jedem wird Betrug und Verrat vermutet.

✿ Man ist intolerant und verachtet andere für ihre Lebensweise, die nicht der eigenen entspricht.

✿ Menschen im Holly-Zustand können nicht verzeihen, wenn sie von jemandem enttäuscht wurden, statt dessen schlagen ihre anfangs positiven Gefühle sehr schnell in Haß und Rachsucht um.

Kinder

Sie neigen beim geringsten Anlaß dazu, wütend und aggressiv zu werden. Negative Gefühle wie Haß, Neid und Eifersucht sind ihnen gut bekannt.

Die Wirkung von Holly

Holly wird das Seelenleben harmonisieren. Neid, Eifersucht und Mißtrauen werden von Toleranz und Nächstenliebe abgelöst. Man wird lernen, das Lebensgefühl anderer zu tolerieren und deren Erfolg zu schätzen. Auf das neue Lebensgefühl voller Freude und Harmonie wird das Umfeld entsprechend reagieren.

Begleitende Maßnahmen

Der erste Weg, überhaupt einen Lösungsansatz zu finden, ist, das Problem zu erkennen. Erst dann hat man die Möglichkeit, aktiv an seinem Verhalten zu arbeiten, unter Umständen auch mit der Hilfe eines guten Therapeuten.
Mentales Training kann mit seinen positiven Programmiersätzen und Vorstellungsbildern helfen, die Innenwelt zu harmonisieren.

Panik, extreme Angst

Rock Rose *ist die Bach-Blüte der ersten Wahl bei extremer Angst und Panikattacken.*

Weitere Blüten

Aspen:	Angst vor unkonkreten Dingen wie Dunkelheit, Geister, Tod usw.
Star of Bethlehem:	Schockhafte Angstzustände infolge eines Traumas.
Mimulus:	Angst vor konkreten Dingen wie Menschenmassen, enge Räume, hohe Gebäude usw.

Rock Rose

(Helianthemum nummularium, Gelbes Sonnenröschen)

Die ca. 10 cm hohe Pflanze wächst bevorzugt auf kargen Böden, wie Kiesböden oder felsigen Böschungen. Sie trägt ihre gelben Blüten von Mai bis August. Die Herstellung der Essenz erfolgt durch die Sonnenmethode.

Die Seele der Pflanze

Da sich die gelben Blüten aufgrund ihrer Farbintensität deutlich von ihrer Umgebung abheben, erkannte Dr. Bach in ihnen ein Alarmzeichen der menschlichen Seele. Die Blüte vermittelt Mut und Standhaftigkeit und gehört zu den wichtigsten Notfall-Bach-Blüten.

Das Rock-Rose-Bild

✿ Menschen im Rock-Rose-Zustand verspüren akute, bedrohliche Angst. Sie wurden von Situationen (Unfälle, Naturkatastrophen, Krankheit usw.) überrascht, die sie emotionell völlig aus dem Gleichgewicht bringen. Situationen, auf welche die Seele nur mehr mit Panik reagieren kann.

✿ Rock Rose läßt sich auch gut bei Menschen einsetzen, die ein dünnes Nervenkostüm haben, leicht erregbar sind und schnell in Panik geraten. Werden sie in einer akuten Notsituation von Panik überrascht, hören und sehen sie nichts mehr, ein Gefühl von lähmender Starrheit breitet sich aus, sie möchten nur noch weglaufen. Ihr Äußeres wirkt blaß, der kalte Schweiß steht ihnen auf der Stirn. Die Angst läßt die Knie zittern, das Herz rast wie wild.

✿ Menschen, die Rock Rose benötigen, sind meist psychisch sehr labil und zeigen hysterische Züge.

✿ In gewissen Situationen ist kein klarer Gedanke mehr möglich, der Hals ist zugeschnürt und man ist zu keiner Reaktion mehr fähig.

✿ Oftmals leiden Rock-Rose-Menschen nach Unfällen unter Alpträumen, die sie panisch erwachen lassen.

✿ Betroffene sind hektisch und nervös und steigern den alltäglichen Streß, bis sie das Gefühl haben, zusammenzubrechen.

✿ Oft schmerzt die obere Magengegend, als hätte man einen Schlag in den Solarplexus bekommen.

✿ Akute Panik tritt verstärkt bei Menschen auf, die lange Zeit Drogen konsumiert haben.

Kinder

Kinder schrecken nachts von einem Alptraum hoch, schreien und lassen sich nicht mehr beruhigen. In ängstigenden Situationen reagieren sie mit Panik, brüllen oder verstecken sich zitternd in einer Ecke. Es sind leicht erregbare, hysterische Kinder mit schwachen Nerven.

Die Wirkung von Rock Rose

Rock Rose ist besonders in Notfällen eine ausgezeichnete Hilfe, das Gleichgewicht zu behalten. Aber auch längerfristig wird es bei nervösen, ängstlichen Menschen, die zu Panikreaktionen und Hysterie neigen, gute Dienste tun. Man fühlt sich mutiger, hat mehr Selbstvertrauen und ist auch stressigen Situationen besser gewachsen.

Begleitende Maßnahmen

Entspannungsmethoden wie das Autogene Training können viel dazu beitragen, Nervosität und permanente Anspannungszustände abzubauen. Auch sind sie sehr hilfreich, um Krisensituationen besser zu bewältigen.
Wenn die Panikattacken nicht nur nach Krisensituationen, sondern auch im Alltagsleben auftreten, sollte man sich unbedingt an einen geschulten Therapeuten wenden.
Was man auf jeden Fall vermeiden sollte: Hände weg von Beruhigungsmitteln (Tranquilizern). Sie helfen zwar spontan, können aber zu Abhängigkeit führen.

Reinlichkeitssinn, übersteigerter

***Crab Apple** ist die Bach-Blüte der ersten Wahl, wenn man einen enorm übersteigerten Reinlichkeitssinn besitzt und im Extremfall sogar Ekel vor sich selbst empfindet.*

Weitere Blüten

Larch:	Der übertriebene Reinlichkeitssinn tritt durch Selbstverachtung infolge von Minderwertigkeitskomplexen ein.
Rock Water:	Reinlichkeitssinn, begründet durch Streben nach Perfektionismus.

Crab Apple

(Malus pumila, Holzapfel)

Der kleine Baum wird bis zu 10 Meter hoch und hat eine breite Krone. Seine herzförmigen Blüten, die außen rosa und innen weiß sind, entfalten sich im Monat Mai. Die Herstellung der Essenz erfolgt durch die Kochmethode.

Die Seele der Pflanze

Die Früchte des Baumes haben eine reinigende Wirkung auf die menschlichen Verdauungsorgane. Dr. Bach legte dieses Faktum auf die energetische Wirkung der Blüte um und sah in ihr die Seelenqualität der Reinheit, der Vollkommenheit und der Ordnung.

Das Crab-Apple-Bild

✿ Im Crab-Apple-Zustand wird man von einem übersteigerten Reinlichkeitssinn getrieben. Man verliert die Sicht für die wesentlichen Dinge des Lebens und ist ganz auf das Gefühl konzentriert, in irgendeiner Form unsauber zu sein.

✿ Im Extremfall führt der Crab-Apple-Zustand soweit, daß man sich regelrecht vor sich selbst ekelt.

✿ Meist sind es Kleinigkeiten die genügen, dieses Empfinden auszulösen. Sie können sehr vielschichtig sein; Hautunreinheiten, Krankheiten, Schweißfüße, verknitterte Kleidung, schlechte Gerüche, unaufgeräumte Wohnung, Dinge, die man getan oder gesagt hat, die nicht den eigenen inneren Wertvorstellungen entsprechen, jeglicher Schmutz usw. Selbst unreine Gedanken belasten so sehr, daß sie ein Gefühl des »Sich-säubern-wollens« hervorrufen.

✿ Crab-Apple-Menschen haben das dringende Bedürfnis, sich geistig, seelisch und auch körperlich zu reinigen. Ist eine geistige oder seelische Reinigung nicht möglich, wird der Reinigungsdrang in die körperliche Ebene verschoben, was sich durch seltsam anmutende Handlungen, wie ständigem Händewaschen oder Duschen, äußert. Man hat dabei das Gefühl, die Seele und den Geist mitzureinigen.

✿ Man verliert die Sicht für die wichtigen Dinge und zeigt groteske Reaktionen, die andere nicht nachvollziehen können. Beispielsweise beunruhigt das Blut auf dem Teppich mehr als die Tatsache, daß sich das Kind in den Finger geschnitten hat.

✿ Im Crab-Apple-Zustand fürchtet man sich ständig vor Infektionen, Bakterien, Schmutz, Insekten usw.

✿ Man fühlt sich sehr unwohl, wenn die Umgebung nicht den eigenen Reinheitsgeboten entspricht.

✿ In manchen Fällen kann der Zustand so extrem werden, daß man bei sexuellen Kontakten von Ekelgefühlen übermannt wird, so daß man sich in strenge Moralvorstellungen flüchtet.

Kinder

Diese Kinder sind äußerst reinlich und ordentlich. Sie neigen zu Pedanterie. Jeder Fleck auf ihrer Kleidung muß sofort entfernt, jedes Spielzeug in ihrem Zimmer an den richtigen Platz gestellt werden. Durch ihren Reinlichkeitstrieb besteht die Gefahr, daß sie anderen auf die Nerven gehen und deshalb vereinsamen.

Die Wirkung von Crab Apple

Crab Apple wird helfen, die Dinge aus der richtigen Perspektive zu sehen. Man erkennt, daß ein gewisses Maß an »Unreinheit« zum Leben, zur Existenz des Menschen gehört. Man wird den wesentlichen Dingen im Leben mehr Beachtung schenken und langsam die zwanghaften Vorstellungen abbauen.

Begleitende Maßnahmen

Der Mensch ist nicht perfekt, weder in dem, was er tut, noch in dem, was er denkt oder spricht. So gilt es auch zu akzeptieren, daß man selbst nur ein recht unvollkommenes Wesen ist. Um eine gewisse Gleichgültigkeit und innere Ausgeglichenheit herzustellen, kann ein mentales Trainingsprogramm sehr gute Dienste leisten. Es wird helfen, sich von der Zwanghaftigkeit seines Tuns und Denkens zu lösen und mit einer gewissen Gelassenheit durch den Tag gehen zu können.

Resignation, Apathie

Wild Rose *ist die Bach-Blüte der ersten Wahl, wenn man vor dem Leben resigniert hat, sich dem Schicksal ergeben hat.*

Weitere Blüten

Gorse:	Die ständigen Tiefschläge des Lebens haben den Betroffenen ausgelaugt.
Mustard:	Wiederkehrende, grundlose Depressionen.
Sweet Chestnut:	Die Seelenqualen sind unvorstellbar. Man sieht keinen Ausweg mehr aus dem Dilemma.

Wild Rose

(Rosa canina, Heckenrose)

Die bis zu 3 Meter hohe Heckenrose ist eine der ältesten Rosenarten, aus der eine Vielzahl von edlen Rosensorten gezüchtet wurde. Sie ist sehr robust, hat einen kräftigen Stamm und wächst bevorzugt an Hecken und Waldrändern. Sie trägt ihre weißen oder rosafarbenen Blüten zwischen Juni und August. Die Herstellung der Essenz erfolgt durch die Sonnenmethode.

Die Seele der Pflanze

Dr. Bach erkannte in der Blüte die Seelenqualität der Hingabe und Motivation, die sie mit viel Lebensfreude an das Leben bindet.

Das Wild-Rose-Bild

✿ Wild-Rose-Menschen haben sich dem Schicksal ergeben. Sie resignieren vor dem Leben und haben jegliche Motivation verloren.

✿ Man nimmt das Schicksal hin, wie es kommt, ohne den Versuch einer Änderung.

✿ Menschen im Wild-Rose-Zustand sind auch äußerlich von ihrer Gefühlswelt gekennzeichnet. Sie wirken müde, stark gealtert und grau, es scheint, als wäre alle Lebenskraft aus ihnen entwichen. Ihre Stimme ist gesenkt und die Augen wirken stumpf und matt.

✿ Der Wild-Rose-Mensch leidet nicht unter diesen Umständen, er fühlt auch keine Trauer oder Verzweiflung. Das Schicksal wird apathisch, geduldig, ohne Gegenwehr ertragen.

✿ Man hat sich den Lebensumständen gefügt. Man setzt keine Initiativen mehr, um die eingefahrene Partnerschaft, die Krankheit oder den tristen Beruf zum positiven zu verändern.

✿ Auf ihre Umgebung wirken diese Menschen langweilig. Sie haben keine rechte Sprechlaune, sind teilnahmslos, öde, lächeln sehr gezwungen und sind ohne jede Spritzigkeit. Sie haben vor dem Leben kapituliert, eigentlich ist ihnen alles egal.

✿ Körperliche Aktivitäten werden absolut abgelehnt, man hat keine Lust, sich in irgendeiner Weise anzustrengen.

✿ Anweisungen, auch wenn sie noch so widersinnig sind, werden ohne Kommentar ausgeführt.

Kinder

Sie haben zu nichts Lust, wirken müde und schlapp, lachen selten und kapseln sich gerne ab. Sie resignieren, wenn ihnen ein anderes Kind etwas wegnimmt. Lebensmut und -freude sind für diese Kinder ein Fremdwort.

Die Wirkung von Wilde Rose

Wild Rose wird helfen, die Lebensgeister zu wecken, dem Leben neue Impulse und positive Ansatzpunkte abzugewinnen. Man wird die Mauern, die man seit Jahren um sich aufgebaut hat, langsam aber sicher niederbrechen und mit lebendiger Motivation auf das Leben zugehen. Neue Lebensenergie lädt Körper, Geist und Seele auf und verhilft zur längst vergessenen Freude am Leben.

Begleitende Maßnahmen

Zu allererst muß man erkennen lernen, in welchem Zustand man sich befindet. Bevor nicht die Motivation gegeben ist, etwas an der eigenen Situation zu ändern, wird man weiterhin abseits des Lebens wandern.
Aktivierungen jeglicher Form sind von Nutzen, um einen Weg, der aus diesem Zustand führt, zu finden. Körperliche Betätigungen, bei denen die Lebensgeister geweckt werden, die Spontaneität und Flexibilität verlangen, könnten der erste Schritt dazu sein. Musische Hobbys (Gitarrespielen, Malen, Singen usw.) sind für jene Menschen wichtig, um die Lust an den schönen Dingen des Lebens wieder zu wecken.
Auch mentales Training mit den richtigen positiven Programmiersätzen und den Vorstellungsbildern, die eine neue geistige Welt generieren können, kann sehr hilfreich sein, ein positiveres Lebensgefühl zu entwickeln.

Schock

Star of Bethlehem *ist die Bach-Blüte der ersten Wahl, wenn man unter den Folgen eines schlimmen Ereignisses leidet.*

Weitere Blüten

Rock Rose:	Die Ängste nehmen panische Züge an.
Mimulus:	Man hat die Angst nach einem Trauma nicht überwunden.
Honeysuckle:	Das traumatische Ereignis wird nicht akzeptiert, man schwelgt in der Vergangenheit.

Star of Bethlehem
(Ornithogalum umbellatum, Goldiger Milchstern)

Das Zwiebelgewächs wird 10 - 30 cm groß und trägt sechsblättrige Blütensterne. Die Pflanze wächst bevorzugt auf Feldern und in Wäldern. Sie trägt ihre innen weißen und außen grünweiß gestreiften Blüten zwischen März und Juni. Die Herstellung der Essenz erfolgt durch die Kochmethode.

Die Seele der Pflanze

Dr. Bach erkannte in den feinen, zarten Blüten, die sich jedes Jahr aufs neue aus ihren Zwiebeln entfalten, das Seelenpotential des Neubeginns und der Reorganisation.

Das Star-of-Bethlehem-Bild

✿ Menschen im Star-of-Bethlehem-Zustand leiden unter den Folgeerscheinungen eines Ereignisses, das sie noch nicht verkraftet haben. Der Schock kann seelischer oder körperlicher Natur sein. Dabei ist es unwichtig, ob das entscheidende Ereignis schon lange zurückliegt oder erst vor kurzer Zeit passiert ist.

✿ Die Ursachen für den Schock können verschiedenartig sein: Verlust eines geliebten Menschen, Trennung von seinem Partner, Unfälle, unerwartete schwere Krankheiten usw.

✿ Ein lange zurückliegendes Ereignis wurde bis heute nicht verkraftet, und man leidet noch immer unter den Folgen: Das Leben erscheint sinnlos, der Verlust des geliebten Menschen raubt einem jegliche Lebenslust. Man hat einen Autounfall nie ganz verkraftet, jedesmal wenn man ins Auto steigt, drängen sich Angstgefühle ins Bewußtsein.

✿ Körperliche Schmerzen nach Unfällen.

✿ Kaum glaubt man, das Erlebnis überwunden zu haben, brechen die seelischen Wunden wieder auf, sobald man daran erinnert wird.

✿ Nach einem schwerwiegenden Ereignis zittert der Betroffene am ganzen Körper, die Stimme versagt, er sieht leichenblaß aus, hat Schüttelfrost und Herzklopfen, fällt in Bewußtlosigkeit.

✿ Man leidet noch lange unter dem Ereignis, hat Schlafstörungen, Magenbeschwerden, Alpträume, Ängste oder Depressionen.

Kinder

Das Kind ist schon seit einiger Zeit bedrückt und ruhig, mag nicht essen und schläft schlecht. Es wirkt traurig, zieht sich zurück und hängt nur herum. Oft entsteht dieser Zustand durch ein Schockerlebnis, auch wenn es von manchen Eltern als nicht so schlimm erlebt wurde.

Die Wirkung von Star of Bethlehem

Star of Bethlehem wird helfen, die verschiedenen Schockzustände infolge eines tiefgreifenden Ereignisses, egal ob es vor längerer Zeit oder erst jetzt passiert ist, leichter zu überwinden. Die Blüte wird Trost spenden und die Kraft geben, einen neuen Anfang im Leben zu finden.

Begleitende Maßnahmen

Als begleitende Maßnahme empfiehlt sich eine Art des Entspannungstrainings, wie das Autogene Training. Mit Hilfe einer solchen Methode lernt man, auch in extremen Situationen eine gewisse Gelassenheit und Ruhe zu gewinnen und die Folgeerscheinungen leichter zu beherrschen.

Schuldgefühle, Selbstvorwürfe

***Pine** ist die Bach-Blüte der ersten Wahl, wenn man ständig von Schuldgefühlen geplagt wird und sich für alles und jeden verantwortlich fühlt.*

Weitere Blüten

Wild Oat: Schuldgefühle, weil man nichts zuwege bringt, trotz seiner Talente dem Leben keine Richtung gibt.

Centaury: Selbstaufopferung aufgrund von Schuldgefühlen.

Pine
(Pinus silvestris, Föhre, gemeine Kiefer)

Der immergrüne Nadelbaum wird bis zu 45 Meter hoch und wächst in allen Teilen Europas. Er bevorzugt Wälder oder lockere, sandige Böden. Seine männlichen und weiblichen Blüten sind von rötlicher Farbe und treiben im Mai aus. Die Herstellung der Essenz erfolgt durch die Sonnenmethode.

Die Seele der Pflanze

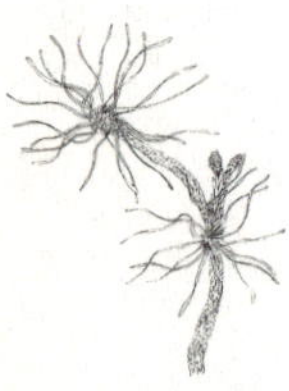

Dr. Bach erkannte in den Blüten die Seelenqualität der Reue und des Verzeihens.

Das Pine-Bild

✿ Menschen im Pine-Zustand suchen die Schuld stets zuerst bei sich selbst und leiden sehr unter den ständigen Selbstvorwürfen.

✿ Man macht sich ständig Vorwürfe, ist selbst nach erfolgreich abgeschlossener Arbeit davon überzeugt, daß es besser hätte werden müssen, man mehr hätte leisten können.

✿ Pine-Menschen entschuldigen sich bei jeder Gelegenheit und äußern ihre Schuldgefühle permanent.

✿ Man verlangt von sich mehr als von anderen Menschen und wenn man die eigenen Erwartungen nicht erfüllt, ist man voller Selbstzweifel und Selbstvorwürfe.

✿ Machen andere Fehler, schreibt man sich einen Teil der Schuld selbst zu, überträgt die Fehler auf sich selbst.

✿ Der Pine-Mensch nimmt auf seine eigenen Bedürfnisse keine Rücksicht. Denn würden andere durch sein Verhalten zu kurz kommen, würde er von Selbstvorwürfen gequält werden. Er befürchtet Vorwürfe der Menschen aus seiner Umgebung und kritisiert sich dadurch ständig selbst.

✿ Obwohl Menschen im Pine-Zustand 110 Prozent geben, sind sie trotzdem grundsätzlich mit ihrer Leistung nicht zufrieden. Der Dauerstreß, dem man sich dabei aussetzt, macht geistig und körperlich müde.

✿ Man hat bei jeder Gelegenheit ein schlechtes Gewissen.

✿ Menschen im Pine-Zustand haben das Gefühl, ein wertloses Mitglied der Gesellschaft zu sein, sie fühlen sich minderwertig und sind deprimiert.

✿ Nach Konfrontationen drückt das schlechte Gewissen, denn man hat das Gefühl, Unrecht zu haben oder an allem schuld zu sein.

✿ Man hat starke Probleme mit der Sexualität, ist oft masochistisch veranlagt, möchte unbewußt auf diese Art und Weise für seine Schuld bestraft werden.

✿ Oft werden die eigenen Leistungen unter den Scheffel gestellt, der Pine-Mensch ist unangenehm berührt, wenn er gelobt wird.

Kinder

Sie fühlen sich für alles verantwortlich. Auf eigene Fehler reagieren sie zerknirscht. Sie sind pedantisch und unzufrieden, was die Erledigung ihrer Aufgaben betrifft. Die ständigen Schuldgefühle, die aus der Überzeugung heraus entstehen, immer alles falsch zu machen, führen zu Einschlafschwierigkeiten.

Die Wirkung von Pine

Pine wird helfen, eigene Fehler objektiver zu beurteilen und sich selbst zu verzeihen. Man wird erkennen, daß andere genauso viele Fehler machen und dies eine natürliche Eigenschaft des Menschen ist.

Begleitende Maßnahmen

Man muß akzeptieren lernen, daß kein Mensch unfehlbar ist und jeder Fehler macht. Wer sich bei der nächsten Gelegenheit mit Schuldgefühlen überhäuft, sollte sich mit folgender Übung die tatsächliche Situation vergegenwärtigen:
Schreiben Sie die Namen aller an dieser Situation beteiligten Personen auf einen Zettel und versuchen Sie in kurzen Stichworten, die Handlungen der einzelnen Mitbeteiligten niederzuschreiben. Anhand dieser Notizen bewerten Sie mit kühler Objektivität die Verschuldensfrage der einzelnen Personen, indem Sie je nach Schweregrad Punkte zuweisen.
Diese Übung kann helfen, analytisches Denken zu trainieren, so daß man bei der Bewertung einer Situation nicht nur auf seine Empfindungen zurückgreifen muß.
Man sollte seine Ziele objektiv beurteilen und so setzen, daß sie auch erreichbar sind. Auf diesem Weg vermeidet man Situationen, die Kraft rauben und Schuldgefühle verursachen.
Mentales Training mit Hilfe eines erfahrenen Trainers kann helfen, dieses konditionierte Schuldverhalten abzubauen. In extrem belastenden Fällen sollte sich der Betroffene an einen Psychotherapeuten seines Vertrauens wenden.

Selbstbewußtsein, mangelndes

***Larch** ist die Bach-Blüte der ersten Wahl, wenn man völlig ohne Selbstbewußtsein durchs Leben läuft und sich für einen Versager hält.*

Weitere Blüten

Elm:	Man ist verunsichert, traut sich auf einmal nichts mehr zu.
Gentian:	Verunsichert und mutlos. Man gibt schnell auf, Niederlagen können nicht weggesteckt werden.
Scleranthus:	Unsicherheit, wenn Entscheidungen zu treffen sind.

Larch

(Larix decidua, Lärche)

Der sommergrüne Nadelbaum trägt männliche und weibliche Blüten, die bis zu 3 cm groß werden. Die Blüten treiben zwischen März und April aus und hängen oft noch jahrelang als braune Zapfen von den Ästen. Die Herstellung der Essenz erfolgt durch die Sonnenmethode.

Die Seele der Pflanze

So wie die Lärche an hellen, lichten Plätzen wächst und gedeiht, erkannte Dr. Bach in ihr das Seelenpotential des Mutes und Selbstvertrauens.

Das Larch-Bild

✿ Menschen, die Larch benötigen, besitzen kein Selbstvertrauen. Sie zweifeln ständig an sich selbst und fühlen sich minderwertig. Sie sind fest überzeugt, ein absoluter Versager zu sein, der keinen Wert in der Gesellschaft besitzt.

✿ Man getraut sich erst gar nicht, bestimmte Vorstellungen in die Tat umzusetzen, weil man davon ausgeht, daß man sowieso nicht in der Lage dazu ist.

✿ Der Larch-Mensch kann sich von negativen Erfahrungen aus der Vergangenheit nicht lösen und erwartet auch für zukünftige Ereignisse nur das Schlechteste. Er verwehrt sich somit jede Möglichkeit, seine Fähigkeiten zu entfalten.

✿ Der momentane Ist-Zustand wird als gegeben hingenommen, der Versuch einer Verbesserung wird nicht gemacht.

✿ Wenn man vor neue Aufgaben gestellt wird, erfindet man Ausreden und Vorwände (oft Krankheiten), um die Sache ja nicht anpacken zu müssen.

✿ Der Mensch im Larch-Zustand ist sehr schüchtern und durch seine gesamte seelische Konstitution körperlich gezeichnet. Er hat eine schlechte Haltung, die Wirbelsäule ist gekrümmt und der Kopf zwischen den Schultern eingezogen.

✿ Entscheidungen werden nur sehr ungern getroffen, man ist unsicher, zögert sie hinaus und möchte sie am liebsten anderen übertragen.

✿ Man ist bescheiden, nimmt das Lob anderer nicht ernst und zweifelt immer an dem Ergebnis seiner Arbeit.

Kinder

Sie sind scheu und schüchtern und fühlen sich minderwertig. Larch-Kinder trauen sich nichts zu und schieben schwierige Aufgaben vor sich her. Beim Spiel mit Gleichaltrigen ordnen sie sich gerne unter.

Die Wirkung von Larch

Larch wird helfen, ein neues Selbstwertgefühl zu entwickeln. Man wird erkennen, daß andere auch manchmal Fehler machen oder manchmal Erfolg haben. Larch gibt die Kraft, auch Fehlschläge einzustecken, die jeder neue Anfang mit sich bringt.

Begleitende Maßnahmen

Man muß sich täglich vor Augen halten, daß man nicht mehr oder weniger fehlbar als andere Menschen ist. Nur stellt man sich durch das mangelnde Selbstvertrauen selbst ein Bein, behindert seine eigenen Chancen.
Man ist, was man denkt, und die Reaktionen der Umwelt oder die »Zufälligkeiten«, die das Leben für einen parat hat, sind zum überwiegenden Teil von dem, was man ausstrahlt, abhängig. Testen Sie die Reaktionen Ihrer Umgebung und versuchen Sie, daraus Rückschlüsse zu ziehen und zu lernen, indem Sie einmal in einer für Sie völlig ungewohnten Rolle auftreten. Versuchen Sie, Menschen mit einem offenen Lächeln gegenüberzutreten, spielen Sie bei der nächsten Gelegenheit den Selbstsicheren oder äußern Sie Ihre Meinung, auch wenn Sie nicht sicher sind, ob Sie völlig richtig liegen.

Selbstdisziplin, Selbstverleugnung

Rock Water *ist die Bach-Blüte der ersten Wahl, wenn man in seinen Prinzipien, in seiner Lebensführung unnachgiebig ist und um seiner Selbstdisziplin willen die eigentlichen Bedürfnisse zurückstellt.*

Weitere Blüten

Water Violet:	Selbstdiszipliniert, stolz, erhaben, eigenbrötlerisch, man ist sich selbst genug und wirkt auf andere herablassend.
Vine:	Extrem dominant und seinen Prinzipien treu, tyrannisch, herrschsüchtig.

Rock Water

(Wasser aus heilkräftigen Quellen)

Rock Water ist die einzige Essenz unter Dr. Bachs Heilmitteln, die nicht aus Blüten, sondern aus dem Wasser heilkräftiger, naturbelassener Quellen kultiviert wird.

Die Seele der Essenz

So wie sich das Wasser der Quelle unermüdlich seinen Weg durch das Gestein sucht, läßt sich in ihm die Seelenqualität der Anpassungsfähigkeit und Flexibilität erkennen.

Das Rock-Water-Bild

✿ Menschen im Rock-Water-Zustand streben in jeder Hinsicht nach Perfektion und vergessen dabei ihre wahren Bedürfnisse.

✿ Man lebt streng nach den Theorien und Regeln, die man sich für sein Leben aufgestellt hat, und verbietet sich die Freuden und Annehmlichkeiten des Lebens, weil diese nicht in das Schema seiner Idealvorstellungen passen.

✿ Höchstform in jeder Hinsicht ist großgeschrieben. Man arbeitet in übertriebener Weise an Körper und Geist, hat sich einer asketischen Lebensweise verschrieben, raucht und trinkt nicht und versagt sich auch sonst jegliches »Laster«.

✿ Hat sich der Rock-Water-Mensch einmal eine Lebensphilosophie zurechtgelegt, lebt er unbeugsam danach und läßt sich nicht davon abbringen. Er selbst erkennt sein extremes Verhalten nicht und rechtfertigt es durch seine höheren Ideale vor anderen, die ihm kritisch gegenüberstehen.

✿ Rock-Water-Menschen werden von tiefen Selbstzweifeln und Selbstvorwürfen gequält, wenn sie sich nicht in der Lage sehen, ihren Idealen entsprechend zu agieren.

✿ Man ist seelisch und geistig eingeengt und verkrampft. Die ewige Streßsituation, der man sich durch sein Verhalten aussetzt, zeigt auch körperliche Symptome wie Verspannungszustände, Krämpfe, Leberbeschwerden oder Entzündungen.

✿ Von seiner Umwelt wird der Rock-Water-Mensch als Prinzipienreiter, Fanatiker oder Sektierer bezeichnet.

✿ Ziele, die man sich gesteckt hat, werden mit allen Mitteln verfolgt, auch wenn dadurch Ehen oder Freundschaften zerbrechen.

Kinder

Sie wollen alles 100%ig machen, aber nicht aus Angst vor Kritik, sondern für sich selbst. Es sind ehrgeizige, pflichtbewußte Musterschüler, jedoch fehlt ihnen der kindliche Leichtsinn und die Unbeschwertheit. Sie werden unflexibel und unzufrieden und dadurch auch zu Einzelgängern.

Die Wirkung von Rock Water

Rock Water wird helfen, sich von seinen geistigen Zwängen zu befreien und den Weg in ein aufgeschlossenes, freudvolles Leben zu finden. Man wird seinen Idealen treu bleiben, ohne jedoch die Sicht für andere Dinge des Lebens zu verlieren. Der Rat anderer wird plötzlich wichtig werden, denn man erkennt, daß nur so eine objektive Meinungsbildung und damit ein richtiges Einschätzen der Dinge möglich ist.

Begleitende Maßnahmen

Das Leben ist mehr als nur die Erfüllung seiner höchsten Ideale, denn es bietet auch jede Menge an Vergnügung und Unterhaltung. Doch bevor man irgendeine Maßnahme trifft, um sich von seinen Scheuklappen zu befreien, muß man erst erkennen, daß man mit seiner geistigen Haltung am Leben vorbeigeht. Als Familienmitglied oder Freund hat man es sehr schwer, hier maßgebend einzugreifen, so ist meist die Hilfestellung eines guten Therapeuten notwendig.
Mentales Training kann gute Dienste leisten, um sich von seinen eingekerkerten Ansichten zu lösen.

Selbstgespräche, gedankliche, rotierende Gedanken

White Chestnut *ist die Bach-Blüte der ersten Wahl, wenn man ständig von kreisenden Gedanken oder zwanghaften inneren Dialogen gequält wird.*

Weitere Blüten

Pine: Man wird ständig von Schuldgefühlen verfolgt.
Vervain: Die geistige Welt ist durch Fanatismus und fixe Ideen eingeschränkt.

White Chestnut

(Aesculus hippocastanum, Roßkastanie)

Die Knospen des Kastanienbaums (Chestnut Bud) wie auch seine Blüten werden verwendet, um Bach-Blüten-Essenzen herzustellen. Der mächtige Baum wird bis zu 30 Meter hoch und trägt seine weißen, mit gelblichen oder rötlichen Zeichen versehenen Blüten von Mai bis Juni. Die Herstellung der Essenz erfolgt durch die Sonnenmethode.

Die Seele der Pflanze

Dr. Bach erkannte in der Blüte die Seelenqualität der inneren Ruhe und Unterscheidungsfähigkeit, die notwendig ist, um wichtige von unwichtigen Gedankenimpulsen zu trennen.

Das White-Chestnut-Bild

✿ Menschen im White-Chestnut-Zustand werden von immer wiederkehrenden Gedanken gequält. Diese Gedanken treten meist nach schwierigen Situationen, die emotional belastend sind - beispielsweise bei beruflichen Problemen oder Auseinandersetzungen -, auf. Man spielt die Situation geistig immer wieder durch und kommt zu keinem Ende.

✿ Sich von den kreisenden Gedanken zu lösen, ist äußerst schwierig, außer man ist beschäftigt. Sobald man sich entspannt, drängen die Gedanken wieder nach und füllen den Kopf gänzlich aus. Sie sind oft so mächtig, daß man Mühe hat, sich auf die Arbeit zu konzentrieren.

✿ Der Betroffene hat das Gefühl, der Kopf sei ein übergroßer Ballon, der mit Gedanken gefüllt ist. Diese Gedanken kreisen um ein Problem, immer und immer wieder, und trotzdem kommt man nie bis zu dem Punkt, an dem das Problem gelöst wird.

✿ Der ständige Gedankendrang wird als quälend und zermürbend empfunden. Man fürchtet sich vor dem Zubettgehen oder vor Ruhe, weil man genau weiß, daß sich die quälenden Gedanken wieder breitmachen werden.

✿ Ein bestimmtes Problem kann nicht bis zum Ende durchdacht werden, weil sich immer wieder andere Gedanken dazwischenschieben, die sich verselbständigen.

✿ Der White-Chestnut-Mensch wird häufig von Kopfschmerzen, bevorzugt im Stirnbereich, geplagt, ist sehr nervös und fahrig und kann sich kaum auf eine Aufgabe konzentrieren.

Kinder

Diese Kinder halten lange an einem Gedanken fest. Ihnen fehlt die innere Ruhe und die geistige Klarheit. Wenn die Gedanken tagsüber, zum Beispiel in der Schule, zu kreisen beginnen, führt dies natürlich zur Konzentrationslosigkeit, daraus folgern Flüchtigkeitsfehler und Unsicherheit.

Die Wirkung von White Chestnut

White Chestnut wird die Gedankenwelt ordnen. Der Kopf wird sich klar anfühlen und man wird in der Lage sein, ein Problem gedanklich bis zum Ende zu verfolgen, ohne dabei auf Abwege zu geraten. Auch nach schwierigen Situationen wird man Herr seiner Gedanken sein und zur gewünschten Ruhe kommen.

Begleitende Maßnahmen

Um sich von seinen Gedanken trennen zu lernen, kann unterstützend eine Entspannungsmethode (z.B. Meditation, Autogenes Training) angewendet werden. Sie wird helfen, auch in Konfliktsituationen ein gewisses Maß an innerer Ruhe zu finden.

Selbstmitleid, Verbitterung

Willow *ist die Bach-Blüte der ersten Wahl, wenn man voller Verbitterung sein Schicksal beklagt und in Selbstmitleid zerfließt.*

Weitere Blüten

Holly:	Man ist aggressiv, wütend, voller Haß und Neid, hat das Gefühl, immer benachteiligt zu sein.
Chicory:	Wird man für seine »guten Taten« nicht entsprechend belohnt, ist man beleidigt und verbittert.

Willow

(Salix vitellina, Gelbe Weide)

Diese spezielle Gattung der Weiden besticht durch die goldgelbe Farbe, die die Äste im Winter annehmen. Der Baum bevorzugt wie alle Weiden feuchte Gebiete. Weibliche und männliche Blüten wachsen auf getrennten Bäumen. Die Blütezeit ist von April bis Mai. Die Herstellung der Essenz erfolgt durch die Kochmethode.

Die Seele der Pflanze

Die Weide besaß für die Germanen die Fähigkeit, die Menschen vor Unheil und Krankheit zu bewahren. Dr. Bach sah in der Blüte die Seelenqualität, Eigenverantwortung zu übernehmen und das Schicksal mit Humor zu ertragen.

Das Willow-Bild

✿ Menschen im Willow-Zustand sind nicht in der Lage, dem Leben trotz all seiner schönen Seiten etwas Positives abzugewinnen. Sie beweinen ihr Schicksal und sind voller Groll.

✿ Man versteht nicht, wie andere voller Lust durch dieses miserable Leben gehen können, das einem nur Bitterkeit und Lasten bereitet. Es geht sogar soweit, daß man diesen Wesenszug unverzeihlich findet und den Menschen bei jeder Gelegenheit die Laune verdirbt.

✿ Der Betroffene beschäftigt sich den ganzen Tag mit seinem Unglück, leidet fast lustvoll und klagt immerwährend, wie schlecht ihm das Leben mitspielt. Er fühlt sich vom Leben ungerecht behandelt, hat seine Vorstellungen nicht umsetzen können und schlittert dadurch in tiefe Verbitterung.

✿ Willow-Menschen verbreiten eine ungeheuer negative Ausstrahlung, die seine Gegenüber unwillkürlich erfaßt. Ihr Gesicht ist von ihrem Grießgram gezeichnet, sie nörgeln ständig und vermiesen jedem die Stimmung.

✿ Dieser Personenkreis zeigt sich äußerst undankbar und ist ganz groß im Nehmen, ohne jemals auf den Gedanken zu kommen, sich zu revanchieren. Wird einem Hilfe oder Unterstützung angeboten, nimmt man sie als selbstverständlich entgegen. Ohne Freunde zieht man sich immer mehr von der Umwelt zurück und vergräbt sich in seiner Bitterkeit.

✿ Wenn man Willow-Menschen die positiven Seiten des Lebens zeigen will oder ihnen klarmacht, daß es ihnen gar nicht so schlecht geht, reagieren sie erbost und weigern sich, diese Argumente für ihre Person gelten zu lassen.

Kinder

Willow-Kinder können nicht zu ihrem Handeln und auch nicht zu ihren Fehlern stehen. Ständig schieben sie die Schuld anderen in die Schuhe. Sie fühlen sich immer als »Prügelknaben«, obwohl sie doch eigentlich »nie Schuld haben«. Außerdem sind sie wehleidig und verpetzen gerne andere.

Die Wirkung von Willow

Willow wird zuallererst helfen, die negativen Verhaltensmuster zu erkennen und in weiterer Folge diese ins Positive umzuleiten. Man wird dem Leben versöhnlicher gegenüberstehen und die negativen und positiven Aspekte objektiv gegeneinander abwägen. Das Dahintreiben hat ein Ende, denn man wird sein Schicksal endlich wieder selbst in die Hand nehmen. Die positive Energie, die man schließlich ausstrahlt, wird von der Umgebung in gleichem Maß zurückgegeben.

Begleitende Maßnahmen

Man muß lernen, sich selbst im Spiegel zu betrachten, seine negativen Verhaltensmuster zu erkennen, denn vorher wird man nicht einmal die Veranlassung sehen, etwas gegen diesen Zustand zu unternehmen. In jedem Fall sind unterstützende Gespräche mit einem Therapeuten wertvoll. Erst dann wird man verstehen, daß dieses enorme Maß an Bitterkeit eine sich selbst erfüllende Prophezeiung ist, die man immer wieder durch die eigenen negativen Vorstellungen anheizt.
Mentales Training, das mit positiven Programmiersätzen und Vorstellungsbildern arbeitet, kann einen guten Beitrag leisten, dieses hohe Maß an negativer Energie ins Positive zu wandeln.

Sorgen und Angst um andere, Selbstaufopferung

Red Chestnut *ist die Bach-Blüte der ersten Wahl bei übertriebener Sorge und Angst um andere.*

Weitere Blüten

Chicory: Übertrieben fürsorglich, aber immer in der Erwartung einer Gegenleistung.
Pine: Fürsorglichkeit infolge unbegründeter Schuldgefühle.

Red Chestnut
(Aesculus carnea, Rote Kastanie)

Dieser Kastanienbaum ist etwas kleinwüchsiger als die verwandte weiße Roßkastanie und auch nicht so robust. Die Blütezeit erstreckt sich von Mai bis Juni. Die Blüten sind kräftig hellrot und sitzen auf großen kelchförmigen Blütenständen. Die Essenz wird nach der Sonnenmethode hergestellt.

Die Seele der Pflanze

Für Dr. Bach verkörperte die hellrote Blüte die starke emotionelle Verbindung zweier Menschen. Das kräftige Rot der Blüten symbolisiert das pulsierende Blut als Grundlage jedes Lebens und die starken Verzweigungen der Blätter das Ausstrecken nach dem Anderen und die Fürsorge, die ihm entgegengebracht wird.

Das Red-Chestnut-Bild

✿ Menschen, die Red Chestnut brauchen, sorgen sich in aufopfernder Weise um andere. Diese Sorge wird oft so groß, daß sie ständig in der Angst leben, denen, die sie lieben, könnte etwas Schlimmes zustoßen.

✿ Man ist richtiggehend selbstaufopfernd, denkt nur an seine Lieben, achtet viel mehr auf sie als auf sich selbst.

✿ Eltern, die diesem Bild entsprechen, leben in ständiger Angst um ihre Kinder. Man kann nicht ruhig schlafen, bevor die Kinder zu Hause sind, denkt pausenlos daran, welchen Gefahren die Kinder im alltäglichen Leben ausgesetzt sind.

✿ Oftmals stört dieses Verhalten die Beziehung zwischen den Beteiligten, da die ständige Fürsorge und Kontrolle zu einer starken Belastung für den Umsorgten werden kann.

✿ Man ist immer pessimistisch, fürchtet das Schlimmste.

✿ Red-Chestnut-Menschen sind gekränkt, wenn man sie bittet, von einem abzulassen, ihnen vorwirft, mit der Fürsorge und Angst zu übertreiben.

✿ Der Betroffene ist ständig bemüht, es dem anderen recht zu machen, denn wenn es ihm gutgeht, fühlt er sich selbst auch wohl.

✿ Oft geraten auch Menschen in den Red-Chestnut-Zustand, die sich von Berufs wegen (beispielsweise Therapeuten, Krankenschwestern) zu stark emotionell an den Leiden anderer beteiligen.

Kinder

Für jene Kinder ist es schwierig, sich von den Bezugspersonen zu trennen, sei es auch nur, um eine Kinderparty oder den Kindergarten zu besuchen. Sie sorgen sich sehr um ihre Eltern, aus Angst, daß ihnen etwas zustoßen könnte. Dies kommt von der eigenen Unsicherheit.

Die Wirkung von Red Chestnut

Red Chestnut wird helfen, sich von den Personen zu lösen, um die man zu sehr besorgt ist. Die Konzentration auf das eigene Leben, die eigene Person wird möglich.
Man entwickelt mit dem wiedergewonnenen Selbstgefühl eine gewisse Distanz und ist dadurch viel eher in der Lage, Situationen objektiver einzuschätzen und für den anderen da zu sein, wenn wirklich Hilfe benötigt wird.

Begleitende Maßnahmen

Meist hat der natürliche Abnabelungsprozeß (Eltern-Kinder) bei Menschen im Red-Chestnut-Zustand noch nicht stattgefunden. Sie müssen lernen loszulassen, andere ihren eigenen Weg gehen zu lassen. Mentale Trainingsmethoden können helfen, sich positiver auf die Welt einzustellen, nicht immer nur daran zu denken, was an schlimmen Dingen passieren kann, sondern welche positiven Aspekte einer bestimmten Sache oder Situation abzugewinnen sind.
Negative Gedankenbilder sollten durch positive ersetzt werden, was trainiert werden kann. Ist zum Beispiel ein Familienmitglied erkrankt, denkt man nicht daran, welch schlimme Entwicklung die Krankheit noch nehmen kann, sondern stellt sich die Situation der Genesung bildlich vor.

Sorglosigkeit, gespielte, innere Unruhe

Agrimony *ist die Bach-Blüte der ersten Wahl, wenn man trotz all seiner Sorgen stets gutgelaunt vor seinen Mitmenschen auftritt oder den Sorglosen spielt.*

Weitere Blüten

Beech: Trotz einer kritischen Haltung spielt man Toleranz und Verständnis vor.

Agrimony

(Agrimonia eupatoria, Odermennig)

Der Odermennig wächst bevorzugt an Wegrändern, Böschungen oder brachliegenden Feldern. Er wird 20 - 80 cm hoch und blüht in der Zeit von Juni bis August. Jede seiner vielen kleinen gelben Blüten hält sich nur drei Tage. Die Herstellung der Essenz erfolgt durch die Sonnenmethode.

Die Seele der Pflanze

Dr. Bach deutete in der Blüte die Qualität der Lebensfreude und des Optimismus.

Das Agrimony-Bild

✿ Agrimony-Menschen legen trotz ihrer Probleme, unter denen sie sehr leiden, stets Fröhlichkeit und Sorglosigkeit an den Tag. Sie überspielen ihre tatsächliche Gemütslage, albern herum und haben stets Scherze auf Lager.

✿ Auf andere Menschen wirkt man sorglos und lustig, so daß keiner auf die Idee kommt, es könnte einem schlecht gehen.

✿ Der Betroffene ist immer versucht, in Harmonie und Frieden mit seiner Umwelt zu leben, denn Streitigkeiten und Auseinandersetzungen sind ihm zuwider: Er gibt lieber nach, als sich auf Diskussionen einzulassen.

✿ Wie es in einem innen drinnen aussieht, geht keinen etwas an, keiner soll merken, daß man von Sorgen und Ängsten geplagt wird.

✿ Auf Gesellschaften ist der »Sorglose« gerne gesehen, weil er als Stimmungskanone sehr geschätzt wird.

✿ Im Agrimony-Zustand ist man nicht gerne alleine, denn dann schieben sich die verdrängten Probleme in das Bewußtsein. Um das auf alle Fälle zu verhindern, sucht man ständig Kontakt zu anderen oder stürzt sich in Aktivitäten.

✿ Agrimony-Menschen haben selten Durchhaltevermögen, sie bringen eine angefangene Sache sehr selten zu Ende.

✿ Alkohol und Drogen sind willkommene Gesellschafter, um die angestauten Probleme weit von sich zu schieben.

✿ Man ist durch sein Doppelleben psychisch belastet. Das zeigt sich in Nervosität, Schlafstörungen, aber auch körperlich durch Verstopfung, Krämpfe und Schmerzen.

Kinder

Agrimony-Kinder sind meist fröhlich und unbeschwert, woran nichts auszusetzen wäre, wenn sie nicht um des lieben Friedens willen zu nachgiebig anderen gegenüber wären. Es fällt ihnen nicht leicht, über ihre Sorgen und Probleme zu sprechen, sie schwindeln auch gerne, damit sie einer unangenehmen Diskussion aus dem Wege gehen können. Um anerkannt zu werden, spielen sie in der Schule gerne den Kasper und bekommen dadurch häufig die Mißgunst des Lehrers zu spüren.

Die Wirkung von Agrimony

Agrimony wird helfen, sich selbst und andere nicht länger zu betrügen. Sie werden erkennen, daß es nicht notwendig ist, mit einem immerwährenden Lächeln durchs Leben zu laufen, um Freunde oder Anerkennung zu gewinnen. Ihre Probleme werden nicht hinter Ihnen herlaufen, da Sie mit Ihrem neuen Lebenskonzept auf Problembewältigung ausgerichtet sind.

Begleitende Maßnahmen

Als erstes sollte man sich der Probleme, unter denen man leidet, bewußt werden. Nur so findet man einen Ansatzpunkt, diese Probleme zu bewältigen, möglicherweise auch mit Hilfe eines guten Psychotherapeuten. Davon abgesehen ist jegliches emotionales Verhalten menschlich. Wer seinen Mitmenschen Zugang zu seinem wahren Ich gewährt, wird feststellen, daß man trotzdem oder vielleicht sogar deswegen als vollwertiger Mensch akzeptiert wird.

Starrsinn, unermüdliches Durchhaltevermögen

Oak *ist die Bach-Blüte der ersten Wahl, wenn man um jeden Preis und ohne Kompromisse seine Ansichten vertritt und unbeugsam seine Pflicht erfüllt.*

Weitere Blüten

Vine:	Man setzt seinen Willen bedingungslos durch, ist rücksichtslos und verträgt keine Kritik.
Vervain:	Durchhaltevermögen, um seine Sache mit großem Eifer unter die Menschen zu bringen.

Oak
(Quercus robur, Eiche)

Die Eiche war in früherer Zeit ein heiliger Baum, der die Symbole der Kraft und Stärke repräsentierte. Der Baum wird bis zu 45 Meter hoch und kann viele hundert Jahre alt werden. Er trägt seine männlichen und weiblichen Blüten von April bis Mai. Die Herstellung der Essenz erfolgt durch die Sonnenmethode.

Die Seele der Pflanze

Seit jeher ist die Eiche in vielen Kulturkreisen der Welt ein Symbol für Kraft und Ausdauer.

Das Oak-Bild

✿ Oak-Menschen sind hart wie das Holz der Eiche. Sie haben ihre Ansichten und weichen in ihrem Tun keinen Schritt davon ab.

✿ Was das Leben auch an Überraschungen mit sich bringt, dieser Personenkreis läßt sich nicht davon beeindrucken. Eine enorme Kraft, Ausdauer und ein eiserner Wille läßt ihn immer wieder als Sieger aus dem ständigen Ringen im Leben hervorgehen.

✿ Von Krankheiten läßt man sich nicht aus der Bahn werfen, man kämpft voller Mut dagegen an und verliert niemals die Hoffnung.

✿ Auf Menschen im Oak-Zustand kann man sich bedingungslos verlassen. Wenn sie ihr Wort gegeben haben, werden sie es niemals brechen. Pflichterfüllung ist das oberste Gebot. Wenn ihnen eine Aufgabe übertragen wurde, führen sie sie aus, egal wie mühevoll oder schwierig sie ist.

✿ Betroffene halten um jeden Preis durch, erfüllen ihre Pflicht, gönnen sich keine Verschnaufpause, was natürlich auf Dauer Verschleißerscheinungen körperlicher und seelischer Natur hervorruft - oftmals auch Beziehungen zerstört.

✿ Der Oak-Mensch ist eine echte Stütze der Firma, ein absolut loyaler Mitarbeiter, der keine Arbeit liegen läßt, wenn sie gemacht werden muß.

✿ Man zeigt keine Schwächen, ist zu stolz, um andere um Hilfe zu bitten.

✿ Menschen im Oak-Zustand haben sehr starre Ansichten und lassen sich trotz guter Argumente nicht überzeugen oder zu Kompromissen überreden, was den Umgang mit ihnen zeitweise auch sehr schwierig macht.

✿ Wenn man das Gefühl hat, eine Aufgabe, die einem übertragen wurde, nicht meistern zu können, verfällt man in Selbstzweifel und hat Angst zu versagen.

Kinder

Diese Kinder können ihre eigenen Grenzen nicht akzeptieren. Sie werden weiter kämpfen, bis das Problem gelöst ist, auch wenn sie schon lange nicht mehr können. Es sind ehrgeizige Kinder, die keine fremde Hilfe annehmen wollen.

Die Wirkung von Oak

Oak wird dabei helfen, das ganze Pflichtgefühl, den Starrsinn auf ein vernünftiges Maß zu reduzieren, so daß neben den täglichen Aufgaben noch Zeit bleibt, um den persönlichen Bedürfnissen Rechnung zu tragen. Sie werden erkennen, daß man Sie auch mit gemäßigterem Einsatz als absolut zuverlässigen und pflichtbewußten Menschen einschätzt. Sie schonen zudem Ihre Kräfte, erhalten Ihre Gesundheit und haben mehr Freude am Leben.

Begleitende Maßnahmen

Man sollte sich wirklich einmal vor Augen halten, daß das Leben auch sehr viele schöne und unterhaltende Dinge zu bieten hat. Sich in seine Arbeit zu vergraben, ist ja recht lobenswert, aber ob man als Mensch mit all seinen Bedürfnissen dabei Befriedigung findet, ist fragwürdig. Versuchen Sie, das Leben von der heiteren Seite zu nehmen, machen Sie bewußt Urlaub, gehen Sie fort, um sich zu vergnügen, oder machen Sie auch einmal Dinge, die keinen tieferen Sinn haben.

Unentschlossenheit

Scleranthus *ist die Bach-Blüte der ersten Wahl, wenn man unentschlossen ist, sich zwischen zwei Dingen nicht entscheiden kann.*

Weitere Blüten

Cerato: Entscheidungen können mangels Selbstvertrauen nicht getroffen werden.

Walnut: Unsicher und unentschlossen am Beginn einer neuen Lebensphase.

Scleranthus
(Scleranthus annuus, Einjähriger Knäuel)

Die buschartige Pflanze findet man oft in Weizenfeldern. Sie wird bis zu 70 cm groß, kommt aber auch kleinwüchsig als kriechende Pflanze vor. Sie trägt ihre blaßgrünen Blüten von Juli bis September. Die Herstellung der Essenz erfolgt durch die Sonnenmethode.

Die Seele der Pflanze

Dr. Bach deutete in der Pflanze die Seelenqualität der Ausgeglichenheit und inneren Balance.

Das Scleranthus-Bild

✿ Wenn sich für einen Menschen im Scleranthus-Zustand zwei Möglichkeiten ergeben, kann er sich einfach nicht für eine entscheiden. Einmal sieht er die eine Sache als erstrebenswert, im nächsten Moment hat er seine Meinung über den Haufen geworfen und befindet die andere Möglichkeit für besser.

✿ Man ist einfach nicht in der Lage, Dinge nach ihrem Gehalt objektiv zu beurteilen.

✿ Von seiner Umgebung wird der Betroffene als verwirrend empfunden, da er seine Meinung ständig ändert. Deshalb wird er oft als Mensch eingestuft, auf den man sich nicht verlassen kann, weil er zu sprunghaft und unzuverlässig ist.

✿ Dieses wechselhafte Verhalten ist in der Regel durch Einflüsse aus der Kindheit geprägt, wo es unverzeihlich war, Fehler zu machen. Die Angst, die falsche Entscheidung zu treffen oder zu versagen, prägt diese Menschen.

✿ Auch ihr äußeres Verhalten spiegelt den inneren Zustand wider. Man ist nervös, fahrig und hektisch. Die Wechselstimmungen rufen zudem körperliche Symptome hervor. Man ist extrem aktiv, dann wieder nahezu lethargisch, einmal wird man von Heißhunger geplagt, dann hat man wieder überhaupt keinen Appetit, einmal leidet man unter Verstopfung, im nächsten Moment unter Durchfall.

✿ Hat sich der Scleranthus-Mensch einmal zu einer Entscheidung durchgerungen, ist er unzufrieden und verfolgt im nächsten Moment schon wieder eine andere Variante. Er getraut sich nicht, seine Unentschlossenheit anderen mitzuteilen und fragt auch nie um Rat.

Kinder

Jene Kinder sind schon als Babys unausgeglichen und labil. Später werden sie oft als unzuverlässig bezeichnet, da sie Entscheidungen gerne revidieren oder ausgemachte Verabredungen vergessen. Es ist ihnen einfach unmöglich, sich für etwas zu entscheiden und daran festzuhalten.

Die Wirkung von Scleranthus

Scleranthus wird die innere Unausgewogenheit stabilisieren und ein Gleichgewicht herstellen. Die Entscheidungen werden viel leichter von der Hand gehen und mit einem Gefühl der Sicherheit getroffen werden.

Begleitende Maßnahmen

Scleranthus-Menschen haben häufig Schwierigkeiten, objektiv zu urteilen, Positives und Negatives gegeneinander aufzuwiegen.

Wenn man vor einer Entscheidung steht, sollte man sich folgendes Hilfsmittel zur Hand nehmen, um diese Situationen besser zu beherrschen: Nehmen Sie ein Blatt Papier zur Hand und schreiben Sie von beiden Dingen, zwischen denen Sie sich entscheiden müssen, die positiven und negativen Argumente systematisch auf. Bewerten Sie die einzelnen Argumente nach Punkten verschieden stark, so wie sie diese empfinden. Zählen Sie die Punkte ihrer Bewertung zusammen, und treffen Sie ihre Wahl nach dem höheren Punktestand.

Sportliche Betätigungen, die besonders das Balancegefühl trainieren, sind ebenfalls eine gute Möglichkeit, die innere Unausgeglichenheit zu beeinflussen.

Ungeduld, Reizbarkeit

Impatiens *ist die Bach-Blüte der ersten Wahl, wenn man ständig ungeduldig ist und aus seiner Anspannung heraus gereizt reagiert.*

Weitere Blüten

Vine: Innere Anspannung und Reizbarkeit durch enormen Willenseinsatz und Durchsetzungsvermögen.

Wild Oat: Spannungszustände durch verfehlte Zielsetzungen im Leben.

Impatiens
(Impatiens glandulifera, Drüsentragendes Springkraut)

Das Springkraut, welches ursprünglich aus Indien stammt, wächst bevorzugt an Flüssen und auf feuchten Böden. Es wird bis zu 1,80 m hoch, vermehrt sich enorm schnell, und trägt seine rosafarbenen Blüten zwischen Juli und September. Die Herstellung der Essenz erfolgt durch die Sonnenmethode.

Die Seele der Pflanze

Die Geschwindigkeit und Rasanz, mit der sich die Pflanze vermehrt (sie gehört zur Gattung der fleißigen Lieschen), hilft den Menschen, die vor lauter Ungeduld nicht schnell genug ihre täglich anfallende Arbeit erledigen können. Dr. Bach erkannte in ihr die Seelenqualität der Gelassenheit und Geduld.

Das Impatiens-Bild

✿ Menschen im Impatiens-Zustand können nichts schnell genug erledigen. In ihrem Kopf läuft alles mit einer enormen Geschwindigkeit ab, so daß die Umgebung zwangsweise sehr langsam wirkt.

✿ Man hat kein Verständnis für andere, die langsamer denken und arbeiten. Geduld wird selten gezeigt.

✿ Es ist typisch für Menschen im Impatiens-Zustand, einem Kollegen oder Untergebenen die Arbeit aus der Hand zu nehmen, weil alles zu langsam vorangeht.

✿ Als Vorgesetzter mit Impatiens-Bild ist man nicht sehr beliebt: Er treibt zur Arbeit an und begegnet seinen Untergebenen oft zu Unrecht mit Reizbarkeit und Ungeduld.

✿ Entscheidungen werden oft ohne langes Überlegen getroffen und Einmischungen anderer werden übelgenommen.

✿ Impatiens-Menschen reagieren überdurchschnittlich schnell, arbeiten sehr zügig, ermüden aber eher als andere. Häufig gibt man genauso schnell und unüberlegt bösartige Äußerungen von sich, die man im Grunde gar nicht so meint.

✿ Oft ruft der Betroffene durch seine hektische Lebensweise enorme Streßreaktionen hervor, die das Nervenkostüm belasten und auch körperliche Folgen haben. Impatiens-Menschen leiden häufig unter Magenbeschwerden, Bluthochdruck, Schlafstörungen oder Nervosität.

✿ Man wird zwar als Arbeitstier geschätzt, als Mensch aber eher gemieden.

✿ Pläne schmiedet der Impatiens-Mensch lieber alleine, so kann er sein eigenes Tempo festlegen und wird nicht durch andere behindert.

Kinder

Schon als Kleinkind waren diese Kinder sehr ungeduldig, fingen sofort an zu schreien.
Sie ruhen nicht, sind dauernd in Bewegung, sie treffen überstürzt und unüberlegt Entscheidungen, wodurch es häufig zu Flüchtigkeitsfehlern (z. B. in der Schule) kommt.

Die Wirkung von Impatiens

Impatiens wird helfen, die innere Unruhe auszugleichen und mit mehr Geduld an jegliche Arbeit zu gehen. Auch die Menschen in Ihrer Umgebung werden es hoch anrechnen, wenn Sie ihnen mit mehr Geduld und Verständnis begegnen.

Begleitende Maßnahmen

Um sein enormes Tempo zügeln zu lernen und seine angestaute Energie wirkungsvoll abzubauen, ist sportliche Betätigung jeglicher Art - die zum Schwitzen anregt - sinnvoll. Besonders schnelle Sportarten, bei denen man permanent reagieren muß, eignen sich hierfür am besten.
Jede Art des Entspannungstrainings ist anzuraten. Nicht nur, um den angestauten Streß zu verarbeiten, sondern auch, um etwas ruhiger und überlegter an seine Aufgaben heranzugehen.
Unüberlegte Reaktionen, die meist nichts als Ärger für sich selbst oder andere bringen, sollten durch eine kurze Nachdenkpause (zählen Sie von 1 bis 5 und atmen dabei tief durch) verzögert werden.

Unsicherheit durch Überforderung

Elm *ist die Bach-Blüte der ersten Wahl, wenn man sich durch die täglichen Aufgaben überfordert fühlt und einem langsam alles über den Kopf wächst.*

Weitere Blüten

Gentian:	Das Leben wird plötzlich von Mutlosigkeit und Pessimismus beherrscht.
Hornbeam:	Das Gefühl, alltägliche Aufgaben nicht mehr bewältigen zu können.

Elm
(Ulmus procera, Englische Ulme)

Der Laubbaum kann eine Höhe von 30 Metern erreichen und bis zu 500 Jahre alt werden. Für seine Größe trägt der Baum ungewöhnlich kleine Blätter. Die zahlreichen traubenförmigen Blüten öffnen sich in der Zeit von Februar bis März. Die Herstellung der Essenz erfolgt durch die Kochmethode.

Die Seele der Pflanze

Die englische Ulme ist sehr widerstandsfähig und hat selbst die Holländische Krankheit, die einen Großteil der Ulmen vernichtet hat, überstanden. Auf den Menschen übertragen, steht die Blüte der Ulme für die Qualität der Widerstandsfähigkeit.

Das Elm-Bild

✿ Im Normalfall werden Aufgaben, die man übertragen bekommen hat, äußerst zufriedenstellend erledigt. Doch plötzlich fühlt man sich überfordert, ist der Aufgabe nicht mehr gewachsen. Obwohl der Zustand nur vorübergehend ist, nimmt die tägliche Belastung unerträgliche Formen an.

✿ Elm-Menschen fühlen sich schwach, ausgelaugt und haben die Kraft und den Mut verloren, sich der Verantwortung zu stellen. Die Mitmenschen sind verunsichert und verwirrt, weil sie sie als zuverlässig und stark eingestuft haben und plötzlich mit der veränderten Situation nicht so recht zu Rande kommen.

✿ Gewöhnlich geht man in seinen Aufgaben auf, sieht seine Arbeit als Berufung und hat nun trotzdem größte Schwierigkeiten, den eigenen Ansprüchen gerecht zu werden.

✿ Die Überforderung, das Gefühl des Überrolltwerdens, verunsichert und kann Minderwertigkeitsgefühle oder Niedergeschlagenheit zur Folge haben.

✿ Sitzt der Betroffene über einer Arbeit, sinniert er stundenlang vor sich hin, kann sich nicht konzentrieren und findet einfach keinen Anfang.

Kinder

Diese Kinder kämpfen oft mit der Angst zu versagen, obwohl sie die Leistung vom Verstand her leicht erbringen könnten. Es fehlt ihnen lediglich der Mut und das nötige Selbstbewußtsein. Sie vertrauen ihren eigenen Fähigkeiten nicht.

Die Wirkung von Elm

Elm wird helfen, den Zusammenbruch zu verhindern und sich vom Zustand der Erschöpfung zu erholen. Man bekommt ein besseres Gefühl für seine innere Stimme und wird lernen, auf ihre Signale rechtzeitig zu reagieren. Damit ist man in der Lage, ein konstantes Leistungsniveau über einen längeren Zeitraum zu halten, ohne sich ständigem Streß auszusetzen und immer wieder Zusammenbrüche hinzunehmen.

Begleitende Maßnahmen

Man muß akzeptieren lernen, daß jeder seine individuellen Grenzen hat, jeder nur bis zu einem bestimmten Punkt belastbar ist. Wenn die innere Stimme eindringlich warnt, daß nun der Punkt gekommen ist, langsamer zu schalten, sollte man auf sie hören. Das ist besser, als sich andere zum Vorbild bzw. Maßstab zu nehmen, die vielleicht ein anderes Leistungspotential haben. Um nicht immer wieder in das gleiche Zustandsbild zu fallen, ist es von Vorteil, sich einen gezielten Arbeitsplan aufzustellen und sich auch daran zu halten.
Im Elm-Zustand kann eine Entspannungsmethode wie das Autogene Training helfen, auf dem natürlichen Weg der Entspannung leere Energietanks wieder aufzuladen. Spaziergänge im Grünen wirken beruhigend, haben einen regenerativen Effekt auf Geist und Seele.

Unsicherheit, Zweifel an eigenen Entscheidungen

Cerato *ist die Bach-Blüte der ersten Wahl bei Unsicherheit, mangelndem Selbstvertrauen und der Unfähigkeit, hinter eigenen Entscheidungen zu stehen.*

Weitere Blüten

Scleranthus:	Unsicherheit, Unentschlossenheit, man kann sich nicht zwischen zwei Dingen entscheiden.
Walnut:	Unsicherheit im Wandel zu einer neuen Lebensphase.

Cerato

(Ceratostigma willmottianum, Bleiwurz)

Die ursprüngliche Heimat der Pflanze ist das tibetanische Hochland. Die Blume wird bis zu 120 cm hoch und trägt von August bis September ihre Blüten. Die Blütezeit ist sehr kurz, dauert nur wenige Stunden. In dieser Zeit verändern die Blüten ihre Farbe von bläulich bis rötlich-violett. Die Herstellung der Essenz erfolgt durch die Sonnenmethode.

Die Seele der Pflanze

Dr. Bach erkannte in dem ständigen Wechsel der Blütenfarbe die Seelenqualität der Unsicherheit und Unentschlossenheit. Dem Menschen im Cerato-Zustand fehlt die innere Stimme, die ihnen Mut gibt, Entscheidungen zu treffen.

Das Cerato-Bild

✿ Menschen, die Cerato benötigen, haben kein Selbstvertrauen. Es mangelt ihnen an der inneren Stimme, die sie dazu treibt, Entscheidungen zu treffen oder hinter bereits getroffenen zu stehen.

✿ Man hat das Gefühl, anderen unterlegen zu sein. Die anderen sind klüger, sehen besser aus und haben mehr Glück im Leben.

✿ Ständig auf der Suche nach Rat, drückt sich der Cerato-Mensch davor, eigene Entscheidungen zu treffen.

✿ Die Meinung anderer wird oft kommentarlos, trotz besseren Wissens, akzeptiert.

✿ Andere haben den Eindruck, als drehe man sich wie ein »Fähnchen im Wind«.

✿ Der Betroffene hat keine eigene Meinung und wenn, äußert er sie nicht, sondern verläßt sich auf die Aussagen anderer.

✿ Cerato-Menschen haben die Eigenschaft, sich sehr schnell ihrer Umgebung anzupassen. Nach kurzer Zeit übernehmen sie Verhaltensmuster oder die Sprache von anderen.

✿ Man legt äußersten Wert auf Mode- und Trenderscheinungen.

✿ Oft tut man Dinge gegen die eigene Überzeugung, nur weil andere davon überzeugt sind.

✿ Ringt sich der Cerato-Mensch einmal zu einer Entscheidung

durch, ist er im nächsten Moment nicht mehr sicher, ob sie wohl auch richtig war.

Kinder

Diese Kinder wissen nie, wofür sie sich entscheiden sollen. Daraus resultiert eine gewisse Unsicherheit und Unselbständigkeit, da sie immer jemanden brauchen, den sie fragen können. Sie nehmen gerne die Verhaltensweisen anderer Kinder an.

Die Wirkung von Cerato

Cerato wird Ihnen das nötige Vertrauen geben, auf Ihre innere Stimme zu hören und nach Ihrem eigenen Gutdünken Entscheidungen zu treffen. Wer dazu steht, auch Fehler machen zu können, dem werden diese auch nicht übelgenommen.

Begleitende Maßnahmen

Mentales Training, in Kombination mit positiven Programmierformeln, kann eine sehr gute Hilfe sein, um seiner inneren Stimme mehr Geltung zu verleihen. Auch bewußte Übungen, in denen es gilt, Entscheidungen zu treffen, tragen zur inneren Sicherheit bei.
Jeder Mensch ist fehlbar. Mit diesem Vorsatz sollten Sie sich in Situationen begeben, die Ihnen nicht behagen. Durch das ständige Üben werden diese Situationen entschärft, und eines Tages gewöhnt man sich so daran, daß Sie ihnen ohne Kopfzerbrechen gegenüberstehen werden.

Übereifrigkeit, Fanatismus

Vervain *ist die Bach-Blüte der ersten Wahl, wenn man sich einer »guten Sache« verschrieben hat, sein Leben danach ausrichtet und den Drang hat, seine Umwelt mit fanatischem Eifer zu missionieren.*

Weitere Blüten

Vine: Seine Vorstellungen werden notfalls auch mit Druck und ohne Kompromisse durchgesetzt.

Rock Water: Man lebt streng nach seinen Idealen, versucht aber nicht, andere zu missionieren.

Vervain

(Verbena officinalis, Eisenkraut)

Die aufrecht wachsende Pflanze gedeiht auf trockenen Böden und kann eine Höhe von 30 - 100 cm erreichen. Vervain liebt sonnige Plätze und trägt seine blaßlila oder zartrosafarbenen Blüten von Juni bis Oktober. Die Herstellung der Essenz erfolgt durch die Sonnenmethode.

Die Seele der Blüte

Das Eisenkraut wird auch in der Naturheilkunde als Heilkraut verwendet. In kleinen Mengen verabreicht, wirkt die Pflanze stärkend und gibt Lebenskraft, nimmt man jedoch zuviel davon, erbricht man. Dr. Bach erkannte in der Pflanze die Seelenqualität der Stärke und der Selbstdisziplin.

Das Vervain-Bild

✿ Menschen im Vervain-Zustand haben ihre Seele einer Idee verschrieben - meist einer »guten Sache« -, einer Glaubensrichtung oder einem bestimmten Lebensprinzip. Sie setzen ihre ganze Energie ein, um ihren Idealen gerecht zu werden und versuchen mit fanatischem Eifer, ihre Umwelt von ihrer Sache zu überzeugen.

✿ Man setzt alles für seine Sache ein, opfert sein Privatleben, seine Freizeit und geht keiner Auseinandersetzung aus dem Weg, um anderen seine Ideen zu vermitteln.

✿ Die Mitmenschen sind oft durch diesen missionarischen Eifer genervt, denn sie werden regelrecht zu ihrem Glück gezwungen. Mit einem »Nein« gibt man sich nicht zufrieden, läßt nicht von seinen »Opfern« ab, versucht immer und immer wieder, sie zu bekehren.

✿ Vervain-Menschen sind durch ihre Unrast ständig in einem seelischen und körperlichen Anspannungszustand, der sie reizbar und aggressiv macht.

✿ Meist stößt der Betroffene durch die aufdringliche Art, seine Ideen weiterzugeben, dem ständigen Übertreiben, dem penetranten Fanatismus zusehends auf taube Ohren und erreicht das Gegenteil.

✿ In Diskussionen läßt der Vervain-Mensch Gegenargumente von sich abprallen, findet immer wieder Argumente, um seine Sache zu rechtfertigen.

✿ Diese Menschen fühlen sich sehr schnell ungerecht behandelt. Wird die eigene Überzeugung von anderen angegriffen, sind sie bereit, diese mit allen Mitteln zu verteidigen.

✿ Für die eigene Sache wird jede Energiereserve eingesetzt, selbst wenn man am Ende seiner Kräfte angelangt ist.

✿ Die immerwährenden Anspannungszustände, die ständige Überdrehtheit, äußern sich auch körperlich in Schlafstörungen, Krämpfen, Kopfschmerzen, nervösen Zustandsbildern und Bluthochdruck.

Kinder

Ihre überschäumende Art ist manchmal geradezu anstrengend. Sie sprechen in ihrer Begeisterung so schnell, daß sie häufig stottern. Es sind leicht reizbare, nervöse und fahrige Kinder, die leicht besserwisserisch wirken. Sie wollen abends nicht ins Bett, da sie mit Eindrücken so voll sind, daß sie nicht zur Ruhe kommen.

Die Wirkung von Vervain

Vervain wird helfen, die Ideen und Ideale aus einem gewissen Abstand betrachten zu können und Denkanstöße anderer für seine Sache positiv auszuwerten. Auf diesem Weg wird man seiner Sache und sich selbst nur Gutes tun.
Der brennende Fanatismus wird sich in liebevolle Zuwendung umwandeln, die zuletzt auch dem Betroffenen ein entsprechendes Maß an Bedürfnissen zubilligt.

Begleitende Maßnahmen

Das Leben bietet in jeder Hinsicht eine Vielfalt an Möglichkeiten. Sich in einer Idee zu verbeißen und sein Leben dafür zu opfern, erinnert weniger an einen »guten Missionar« als an einen Drogensüchtigen, der keine Möglichkeiten mehr hat, sich an anderen Dingen des Lebens zu orientieren. Zuerst muß die Erkenntnis stehen, daß man Gefangener einer Idee ist, die einem die geistige Freiheit raubt und blind für die Mannigfaltigkeit der Welt macht.

Erst wenn man diese Hürde überwunden hat, kann wieder eine Art von Weiterentwicklung geschehen, die einen offeneren Umgang mit seinen Idealen ermöglicht. Von den geistigen Verspannungszuständen abgesehen, birgt natürlich auch der immerwährende Streß eine gewisse Gefahr der körperlichen Ausreizung.

Um den permanenten Druck zu mildern und sein Gleichgewicht zu halten, sind Harmonisierungsübungen, wie sie etwa im Tai Chi oder in der Kinesiologie angeboten werden, nur zu empfehlen. Entspannend wirkt auch das Autogene Training. Sport ist immer ein guter Ratgeber, wenn es darum geht, seine Energie zu kanalisieren und seine mentalen Tanks aufzuladen.

Vergangenheitsbezug, stark und sehnsüchtig

Honeysuckle *ist die Bach-Blüte der ersten Wahl, wenn man der Vergangenheit nachtrauert, sich geistig von ihr nicht lösen kann.*

Weitere Blüten

Clematis: Die reale Welt behagt nicht, und so flüchtet man in die Phantasie. Tagträume.

Honeysuckle
(Lonicera caprifolium, Geißblatt)

Die Kletterpflanze ist wohlriechend und von kräftigem Wuchs. Sie wächst bevorzugt an Waldrändern und wird im Volksmund auch Jelängerjelieber genannt. Die Blüten entfalten sich zwischen Juni und August und sind außen von roter und innen von weißgelblicher Farbe. Die Herstellung der Essenz erfolgt durch die Sonnenmethode.

Die Seele der Pflanze

Dr. Bach erkannte die Qualität der Pflanze für Menschen, die sich von ihrer Vergangenheit nicht lösen können, ihr nachtrauern. Die Gegenwart ist für sie bedeutungslos und sie glauben fest daran, daß sie nie mehr so glücklich werden wie früher.

Das Honeysuckle-Bild

✿ Menschen, die Honeysuckle benötigen, hängen geistig ihrer Vergangenheit nach. Sie erinnern sich an die guten alten Zeiten, in denen noch alles heil war, und wollen sich mit der momentanen Realität nicht abfinden.

✿ Meist sind es Schicksalsschläge (der Verlust eines Menschen, Trennung vom geliebten Partner, verpaßte Gelegenheiten usw.), die den Honeysuckle-Zustand auslösen.

✿ Honeysuckle eignet sich besonders bei Heimweh, Liebeskummer oder Trauer.

✿ Der Honeysuckle-Mensch verbringt seine Zeit in der Vergangenheit und läßt die guten Erinnerungen immer wieder vor seinem geistigen Auge ablaufen. Er kann sich von verschiedensten Dingen (Gegenstände, Personen usw.) der Vergangenheit nicht trennen.

✿ Menschen im Honeysuckle-Zustand berichten immer von Ereignissen der Vergangenheit. Sie haben das Gefühl, daß in früheren Zeiten alles besser, nicht so kompliziert und die Leute netter waren. Die Gegenwart hat keinen Wert.

✿ Der Betroffene ist oft ohne Appetit und fällt der Umgebung durch geistige Abwesenheit auf. Er schläft viel und hat die Tendenz, sich durch Alkohol oder Drogen die Gegenwart zu verschönern.

Kinder

Diese Kinder leiden sehr unter Veränderungen und können von längst Geschehenem schwer loslassen. Sie klagen oft über Heimweh.

Die Wirkung von Honeysuckle

Mit der Hilfe von Honeysuckle wird man lernen, die Vergangenheit zu bewältigen, um einen neuen Anfang in der Gegenwart zu finden. Die früheren positiven Erlebnisse können für das Hier und Jetzt Ansätze zu neuen Aktivitäten geben.

Begleitende Maßnahmen

Man sollte seine Energien nicht damit verschwenden, der Vergangenheit nachzutrauern. Unterstützend zur Bach-Blüten-Therapie ist es notwendig, sich ein geeignetes Beschäftigungskonzept zu erarbeiten, das wirklich ausfüllt. Beispielsweise ein neues Hobby, Tiere, um die man sich kümmern muß, ehrenamtliche Beschäftigungen in einem Verein usw. Besonders künstlerische Hobbys können das Leben grundlegend verändern, wenn man sich voll darauf einläßt.
Auch mentales Training, mit den richtigen Programmiersätzen und Vorstellungsbildern, ist von Nutzen, um sich auf die positiven Seiten der Gegenwart einzustimmen.

Verträumtheit, fehlendes Interesse

Clematis *ist die Bach-Blüte der ersten Wahl, wenn man verträumt ist und mit der Realität des Lebens nicht so recht zu Rande kommt.*

Weitere Blüten

Honeysuckle: Man hängt stark an der Vergangenheit, kann sich mit der Realität des Lebens nicht abfinden.

Clematis

(Clematis vitalba, Weiße Waldrebe)

Die Kletterpflanze fühlt sich besonders auf kalkigen Böden wohl. Sie durchsetzt den Boden mit ihren kräftigen langen Wurzeln und blüht in der Zeit zwischen Juli und September. Die duftenden Blüten, die von weißer Farbe sind, werden bis zu 2 cm groß. Die Essenz wird durch die Sonnenmethode hergestellt.

Die Seele der Pflanze

Die Pflanze, deren Wurzeln sich mit Zielstrebigkeit ihren Weg durch den kargen Boden suchen, steht für Idealismus, Klarheit und Bodenständigkeit, was zur Bewältigung des alltäglichen Lebens notwendig ist.

Das Clematis-Bild

✿ Menschen, die Clematis benötigen, sind Tagträumer, die sich nicht mit der Realität des Lebens auseinandersetzen wollen. Sie wirken, als ob sie nicht so recht mit dem Boden verwurzelt wären, sind oft schläfrig und abwesend.

✿ Man ist mit den Lebensumständen nicht ganz zufrieden, findet sich im Alltag schwer zurecht und lebt lieber in einem Phantasiereich, das man ganz nach seinen Vorstellungen gestalten kann.

✿ In alltäglichen Situationen wirkt der Clematis-Mensch ungeschickt, tolpatschig, er ist nie bei Sache. Er schläft gerne, viel und lange und hat morgens keine Lust aufzustehen. Es dauert, bis er richtig wach ist.

✿ Bei Krankheit ist der Betroffene teilnahmslos, unternimmt kaum Anstrengungen wieder gesund zu werden, oft wünscht er sich den friedlichen Tod herbei. Er ist uninteressiert an den Dingen, die im Alltag um einen herum passieren.

✿ In der Phantasie malt man sich Dinge aus, die im realen Leben nicht zu verwirklichen sind. Außerhalb dieser Traumwelt unternimmt man kaum Anstrengungen, seine Ideale durchzusetzen.

✿ Im Clematis-Zustand will man nicht von den alltäglichen Anforderungen, die das Leben mit sich bringen, aus seiner Gedankenwelt gerissen werden. Lieber will man seine Ruhe haben und nicht gestört werden.

✿ Menschen mit Clematis-Bild sind meist ruhig, unauffällig und blaß und wirken auf ihre Umgebung immer verschlafen und verträumt, stoßen oft gegen Gegenstände, da sie wenig Körpergefühl haben. Sie neigen zu Alkohol und Drogen, denn dadurch werden sie ihrem geliebten Traumland nähergebracht. Der Kopf fühlt sich oft leer an, Hände und Beine sind kalt.

✿ Clematis Menschen haben oft ein ausgesprochen starkes kreatives Potential, das sie auch voll ausspielen können, wenn sie den entsprechenden Beruf haben.

Kinder

Clematis-Kinder sind sehr angenehme Zeitgenossen, wirken immer leicht verträumt und zerstreut. Sie sind eher Einzelgänger, und ihre Aufmerksamkeit in der Schule ist meist gering. Ihr Interesse gilt dem Bauen ihrer Luftschlösser und weniger dem Unterricht. Phantasie und Kreativität sind ihre Stärken, jedoch sind sie in praktischen Dingen eher unbegabt.

Die Wirkung von Clematis

Clematis wird helfen, ins reale Leben zurückzufinden und Spaß daran zu gewinnen. Man lernt sein kreatives Potential umzusetzen, um beispielsweise eine künstlerische Laufbahn einzuschlagen.

Begleitende Maßnahmen

Man sollte seine schöpferische Kraft in verschiedenen kreativen Hobbys kanalisieren. Auf diesem Weg lernt man, die Energie aus der Traumwelt in die Realität zu transportieren, und man kann erkennen, daß man auch hier etwas schaffen kann. Besonders gut wären »irdene« Tätigkeiten wie Töpfern oder Gartenarbeit, um ein bißchen auf den Boden gezogen zu werden.

Verzweiflung, Hoffnungslosigkeit

***Sweet Chestnut** ist die Bach-Blüte der ersten Wahl, wenn die Verzweiflung so groß geworden ist, daß man keinen Ausweg mehr sieht, seinem Schicksal machtlos gegenübersteht.*

Weitere Blüten

Elm:	Verzweiflung und Verunsicherung infolge von Überarbeitung.
Willow:	Ständiges Selbstmitleid ruft Verzweiflung und Bitterkeit hervor.

Sweet Chestnut

(Castanea sativa, Eßkastanie)

Der Baum erreicht eine stattliche Höhe von 30 Metern und wächst bevorzugt in offenen Wäldern auf mäßig feuchten Böden. Die langen, kätzchenartigen, wohlriechenden Blüten treiben in der Zeit von Juni bis Juli aus. Die Herstellung der Essenz erfolgt durch die Sonnenmethode.

Die Seele der Blüte

Der kräftige Baum besitzt ein hohes Maß an Zähigkeit und wird dank seiner Vitalität und Ausdauer mehrere Jahrhunderte alt und verkörpert das Seelenpotential der unbändigen Lebenskraft.

Das Sweet-Chestnut-Bild

✿ Menschen im Sweet-Chestnut-Zustand sind seelisch am Tiefpunkt angelangt. Sie erleiden furchtbare Qualen, sind verzweifelt und finden keinen Ausweg aus ihrer Situation.

✿ Man steht seinem Leben völlig ohnmächtig gegenüber. Obwohl man alles versucht hat, um sein Wohl zu erhalten, erkennt man, daß alle Maßnahmen umsonst waren. Man ist am Ende und sieht keine Möglichkeit mehr, dem Unheil zu entrinnen.

✿ Oft tritt dieser Zustand infolge jahrelang anhaltender, peinigender Situationen ein (eine vernichtende Partnerschaft, ein quälender Arbeitsplatz oder lange schwere Krankheiten). Man ist an einen Punkt gelangt, an dem die seelischen Reserven völlig aufgebraucht sind und man kurz vor dem absoluten Zusammenbruch steht.

✿ Die Qualen sind jenseits jedes menschlichen Vorstellungsvermögens. Der Betroffene hat das Gefühl, absolut verloren zu sein, im völligen Nichts zu stehen und selbst die Vernichtung seines Lebens würde keine Erlösung mehr darstellen.

✿ Sweet-Chestnut-Menschen sind sich sicher, daß es keinen Ausweg mehr gibt. Der Zustand der Hoffnungslosigkeit und Verzweiflung läßt sich nicht länger ertragen.

✿ Menschen im Sweet-Chestnut-Zustand sind nicht mehr in der Lage, Tränen zu vergießen, sie haben so viel hinter sich, daß es keine Steigerung der Qualen mehr gibt. Sie tragen ihren Schmerz innerlich und verbergen ihn vor anderen.

Kinder

Diese Kinder sind wirklich verzweifelt und glauben auch nicht, daß sich dieser Zustand bessern wird. Ihre Verzweiflung äußert sich in Schluchzen, Zurückziehen oder abweisendem Verhalten.

Die Wirkung von Sweet Chestnut

Sweet Chestnut wird helfen, den Schritt in eine neue Lebensära leichter zu vollziehen und die kommende Entwicklungsphase leichter durchzustehen. Man wird lernen, sich von seiner inneren Stimme den Weg weisen zu lassen.

Begleitende Maßnahmen

In einem solchen Moment positives Denken zu empfehlen, klingt absurd. Aber trotzdem gibt es mentale Trainingsmethoden, die auch in krassen Ausnahmesituationen Licht in das Dunkel bringen können. Mit Hilfe von positiven Programmierformeln und Vorstellungsbildern läßt sich die Seele (Übung vorausgesetzt) positiv beeinflussen.
Davon abgesehen ist die Situation, in der man sich gerade befindet, mit großer Wahrscheinlichkeit die Schwelle zum Wendepunkt in einen neuen Lebensabschnitt. Im tiefsten Inneren wehrt man sich dagegen, ist starr und unflexibel, weil das Unterbewußtsein weiß, daß eine Neuorientierung des Lebenskonzeptes notwendig ist. Man kann aber nicht von den alten Gewohnheiten lassen, weil auch diese Umstellung (Trennung vom Partner, Arbeitsplatzwechsel usw.) Schmerz und Angst bedeuten würde. Die einzige Möglichkeit, sich wieder in einen normalen, ausgewogenen Seelenprozeß einzugliedern, ist, ins kalte Wasser zu springen, einen Schlußstrich unter die Ursache seiner Qualen zu ziehen, so schwer es einem auch fällt.

Wankelmut, Unsicherheit

Walnut *ist die Bach-Blüte der ersten Wahl, wenn man in der Phase einer grundlegenden Lebensveränderung steckt und Entscheidungen von Unsicherheit und Wankelmut beeinträchtigt werden.*

Weitere Blüten

Centaury:	Man unterwirft sich anderen und läßt sich stark beeinflussen und lenken.
Cerato:	Unsicherheit durch mangelndes Selbstvertrauen.
Scleranthus:	Es kann sich nicht zwischen zwei Dingen entschieden werden.

Walnut

(Juglans regia, Walnußbaum)

Der Walnußbaum wird bis zu 30 Meter hoch und wächst bevorzugt in Gegenden mit mildem Klima. Der Baum trägt seine gelblich-grünen Blüten von April bis Mai. Die Herstellung der Essenz erfolgt durch die Kochmethode.

Die Seele der Pflanze

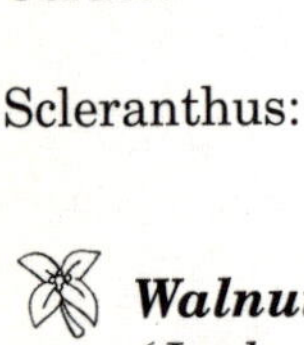

Walnut repräsentiert das Seelenpotential der Entschlossenheit und des Willens zum Neuanfang.

Das Walnut-Bild

✿ Walnut wird in besonderen Situationen benötigt, wenn sich im Leben gravierende Veränderungen ergeben, wie dies beispielsweise bei einer neuen Partnerschaft, bei einem Berufswechsel oder Wohnortwechsel der Fall ist. Menschen, die Walnut benötigen, sind in solchen Lebensphasen leicht durch die Meinung anderer zu verunsichern und haben Schwierigkeiten, Entscheidungen zu treffen.

✿ Zwar hat man seine Vorstellungen und ist auch bereit, diese durchzusetzen, doch läßt man sich leicht von seinem Weg und seinen Zielen abbringen, wenn man mit gewichtigen Argumenten seiner Mitmenschen konfrontiert wird.

✿ Walnut ist auch für Menschen notwendig, die sich in natürlichen, biologischen Veränderungsphasen - Wechseljahre, Monatsblutung, Ruhestand, Krankheiten, Pubertät, Zahnung usw.- befinden und damit große Schwierigkeiten haben.

✿ Oft haben gerade Walnut-Menschen einen unheimlichen Drang, Veränderungen herbeizuführen, die sich als Zielsetzung aufgrund ihrer Ideale oder Lebenseinstellung herauskristallisieren. Obwohl man mit Energie und Kraft an die Sache herangeht und davon überzeugt ist, das Richtige zu tun, ist man doch verunsichert und läßt sich beeinflussen.

✿ Man hat Schwierigkeiten, sich von der Vergangenheit zu lösen und sich voll auf die neue Lebenssituation einzustellen.

✿ Wenn sich ein neues unerwartetes Ereignis in den Weg stellt, ist der Walnut-Mensch verunsichert und überdenkt seine Pläne nochmals neu. Von alten Gewohnheiten kann man einfach nicht lassen. So hat er zum Beispiel nach einer Trennung noch immer eine starke Bindung zum ehemaligen Partner.

Kinder

Diesen besonders schüchternen, empfindsamen und sensiblen Kindern bereitet jede neue Situation in ihrem Leben besondere Schwierigkeiten. Jedes dieser Kinder hat natürlich gewisse Probleme, wenn der Schulanfang naht oder der geliebte Lehrer durch einen anderen ersetzt wird.

Die Wirkung von Walnut

Walnut wird die nötige Sicherheit und Stabilität geben, um das eigene Ziel unbeirrt zu verfolgen, bis man es schließlich erreicht hat. Die Meinungen und Ratschläge der Umgebung werden nicht mehr mit der bisherigen Wertigkeit in die Waagschale gelegt. Man weiß, was man will und läßt sich nicht mehr beirren. Die Intuition, die zu diesem neuen Weg geraten hat, wird auch weiterhin ein verläßlicher Wegbegleiter bleiben.

Begleitende Maßnahmen

Hat man sich für einen neuen Lebensweg entschieden, sollte man aufgrund seiner Situation Meinungen anderer meiden, um sich nicht von seinem Weg abbringen zu lassen. Denn: Eigentlich weiß man genau, daß es der richtige ist. Dazu sollte man seine Kraftreserven gut einteilen und einen vernünftigen Lebenswandel führen, um sein Energiepotential nicht sinnlos zu vergeuden.

Positive Programmiersätze und Vorstellungsbilder, mit denen mentale Trainingsmethoden arbeiten, können einen wichtigen Teil dazu beitragen, daß man mit mehr Sicherheit den eingeschlagenen Weg weiterverfolgt.

Ziellosigkeit, Unentschiedenheit

***Wild Oat** ist die Bach-Blüte der ersten Wahl, wenn man keine Zielsetzung im Leben findet.*

Weitere Blüten

Scleranthus: Man schwankt immer zwischen zwei Möglichkeiten und kann sich nicht auf eine fixieren.

Walnut: Am Übergang zu einer neuen Lebensphase wird man unsicher und kann sich nicht für eine Richtung entscheiden.

Clematis: In der realen Welt findet man keine rechte Zielsetzung, man verweilt in Träumereien.

Wild Oat

(Bromus ramosus, Waldtrespe)

Der wilde Hafer wächst bevorzugt in feuchten Waldgebieten und wird 60 - 150 cm hoch. Die Blüten der Pflanze sind in den Rispen versteckt. Blütezeit ist von Juni bis August. Die Essenz wird durch die Sonnenmethode hergestellt.

Die Seele der Pflanze

So wie sich die biegsame Pflanze nach der Richtung des Windes orientiert, verkörpert sie das Seelenpotential der Zielstrebigkeit, sein Leben nach seiner Berufung auszurichten.

Das Wild-Oat-Bild

✿ Wild-Oat-Menschen beginnen im Laufe ihres Lebens immer wieder neue Dinge und bringen sie zu keinem befriedigenden Ende.

✿ Man ist begabt, hat meist mehrere Talente und hat das Gefühl, etwas besonderes leisten zu können und zu wollen. Trotzdem ist man, wenn man eine Sache angefangen hat, immer wieder unsicher, ob es auch das richtige ist.

✿ Der Wild-Oat-Mensch schmiedet ständig neue Pläne und ist davon überzeugt, damit endlich den gewünschten Erfolg zu haben.

✿ Es bleibt bei allem, was man tut - auch wenn es sehr leicht von der Hand geht - ein Rest von Zweifeln, ob eine andere Sache nicht besser wäre.

✿ Betroffene haben das Gefühl, daß trotz der vielen Aktivitäten, die sie starten, das Leben an ihnen vorbeiläuft. Auch wenn sie Erfolg haben und die Früchte ihrer Arbeit ernten, haben sie kein rechtes Gefühl der Zufriedenheit.

✿ Man konzentriert seine Schaffenskraft nicht nur auf eine Sache, sondern macht verschiedenes gleichzeitig, aber meist nichts hundertprozentig.

✿ Der Wild-Oat-Mensch ist ständig auf der Suche nach neuen Möglichkeiten. Allerdings hat er keine Vorstellung davon, wie sie aussehen könnten.

✿ Man wünscht sich eine Tätigkeit, die auch längerfristig Freude macht und befriedigt.

✿ Diese Menschen haben das Gefühl, ihre Zeit mit unwichtigen Dingen zu vertrödeln und dabei das Wesentliche im Leben zu versäumen. Sie sind oft frustriert, zweifeln an der Sinnhaftigkeit ihres Lebens und fühlen sich tief unzufrieden.

Kinder

Wild-Oat-Kinder wissen in der Pubertät einfach noch nicht, wo es langgeht. Sie sind unsicher und fühlen sich unfähig, Entscheidungen zu treffen. Dadurch werden sie unzufrieden und ihr Selbstwertgefühl sinkt.

Die Wirkung von Wild Oat

Wild Oat wird helfen, dem Leben eine bestimmte Richtung zu geben. Man lernt, sich auf eine bestimmte Sache zu konzentrieren und diese mit voller Energie zu verfolgen. Seine wahren Stärken und Schwächen wird man besser einschätzen können, sich selbst etwas objektiver beurteilen und damit auch leichter einen Weg in die richtige Richtung finden.

Begleitende Maßnahmen

Man sollte lernen, sich damit abzufinden, daß es immer und überall Dinge geben wird, die auf den ersten Blick interessanter oder wichtiger erscheinen, als das, was man selbst gerade tut. Richtig wäre es, die Sache, die am wichtigsten erscheint, in den Mittelpunkt zu rücken (beispielsweise bei der Wahl des Berufs). Alle anderen Dinge sollten so weit zurückgestellt werden, daß sie die Haupttätigkeit nicht beeinflussen und eine freie Entwicklung darin ermöglichen.

Anhang

Die Anwendung der Bach-Blüten in der Praxis

Die Suche nach der richtigen Essenz

Bevor man anfängt, die richtige Bach-Blüten-Mischung zusammenzustellen, muß ein ausführliches Gespräch mit dem Patienten vorausgegangen sein, um eine fundierte, sachliche Diagnose stellen zu können. Der Weg des ganzheitlichen Heilens benötigt mehr als nur bloßes Beobachten und Analysieren von Krankheitssymptomen, die vordergründig an den Tag treten. Man braucht Erfahrung und Einfühlungsvermögen, um zu erkennen, wie der Patient mit seiner Krankheit umgeht, welche seelischen Reaktionen im Hintergrund ablaufen und welche charakterlichen Eigenschaften die Auslöser der Krankheit sein können. Unter welchen Ängsten leidet der Patient? Ist er extrem unsicher? Wird er schnell wütend? Ist er in seinen Ansichten verstockt? Trauert er der Vergangenheit nach?

Wichtig: Erfahrung und Einfühlungsvermögen

Diese und ähnliche Fragen zeigen an, welches Heilmittel erforderlich ist. Das System der Bach-Blüten-Therapie selbst ist sehr einfach, so wie Dr. Bach es sich immer vorgestellt hat, als er sich auf die Suche nach dem »perfekten« Heilverfahren begab. Alle Erkrankungen haben nach Dr. Bach ihre Ursache in seelischen Mißstimmungen und negativen charakterlichen Eigenschaften. Die Aufgabe der Diagnose beim Patienten ist es, diese Fehlstellungen aufzudecken und darauf mit den entsprechenden Bach-Blüten zu antworten. Dies ist nicht immer einfach, denn man benötigt Intuition und Erfahrung. Dr. Bach waren diese Eigenschaften in hohem Maß angeboren, und ihm war es ein leichtes, die Persönlichkeit seiner Patienten einzuschätzen.

Aber auch ohne diese ausgeprägte Begabung kann man sich diese Fähigkeiten aneignen, denn der Wille Dr. Bachs war es schließlich, ein Heilsystem zu entwickeln, das für jeden praktizierbar ist. Voraussetzung dafür ist, Arbeit und Fleiß einzusetzen und dadurch seine intuitiven Fähigkeiten zu schulen, seine Beobachtungsgabe zu schärfen und die Bereitschaft, dem Hilfesuchenden mit dem nötigen Respekt zu begegnen.

Die Selbstdiagnose

Erster Schritt: der Selbstversuch

Da die Blüten keine Nebenwirkungen verursachen, ist das Versuchen an sich selbst der erste Schritt, um Erfahrungen mit der Bach-Blüten-Therapie sammeln zu können. Man lernt dadurch zu beurteilen und eignet sich, durch das Beobachten, eine gewisses Maß an Gespür für seelische Zustände und Veränderungen an. Selbsterkenntnis ist der erste Weg zur erfolgreichen Bach-Blüten-Behandlung an Patienten. Man erkennt seine eigenen Schwächen und Stärken und verhindert damit, das Ergebnis der Fremddiagnose zu verfälschen. Erfahrene Bach-Blüten-Praktiker empfehlen eine einjährige Selbstbehandlung, bevor man damit beginnt,

Einjährige Selbstbehandlung

andere Menschen zu diagnostizieren. Allerdings ist dieser Zeitraum variabel und von Mensch zu Mensch verschieden, da die Begabungen sehr unterschiedlich angelegt sein können. Sie brauchen sich nicht zu sorgen, daß Sie die falschen Blüten verwenden. Wenn die Blüte energetisch nicht passend ist, zeigt sie keine Wirkung - und auch keine schädliche Nebenwirkung. Bei akuten Beschwerden, wie Angst, Trauer oder Niedergeschlagenheit, läßt sich sehr schnell und sicher die geeignete Blütenmischung herausfinden. Möchten Sie an gewissen negativen Charaktereigenschaften arbeiten oder eine tiefliegende seelische Mißstimmung behandeln, so ist sehr viel Selbsteinschätzung und Selbstkritik notwendig. Denn: Der erste Schritt der Selbsterkenntnis ist der allerschwerste, d.h., vor sich selbst die eigenen kleinen oder größeren Schwächen zugeben zu müssen.

»Falsche« Blütenessenzen gibt es nicht

Bin ich selbstsüchtig, ängstlich, tyrannisch, unsicher, verträumt oder neidisch? Solche und ähnliche Fragen gilt es, mit einer gewissen Ehrlichkeit zu beantworten, um langsam einen Weg in die Therapie mit den Bach-Blüten-Essenzen zu finden. Man sollte sich von vertrauten Personen seiner Umgebung, die einen gut kennen, beraten lassen. Gerade am Anfang einer Selbsttherapie bekommt man unter Umständen von seinen Mitmenschen ein objektiveres Bild über sich selbst.

Die Fremddiagnose

Notfallsituationen

In Notsituationen, die von einem seelischen oder körperlichen Schock begleitet werden, ist die Verabreichung der Notfalltropfen immer zu empfehlen. Diese Bach-Blüten-Mischung eignet sich auch hervorragend für bevorstehende Ereignisse, die ängstigen, sei es nun die nächste Schularbeit oder der Besuch beim Zahnarzt.

Akute Lebenskrisen

Todesfälle, Trennungen etc.

Krisenhafte Situationen, wie Todesfälle, Trennungen, Verlust des Arbeitsplatzes usw. lösen zumeist sehr akute und eindeutige seelische Zustände aus. Hier ist es nicht notwendig, näher auf die seelische Gesamtkonstitution oder auf das Charakterbild des Betreffenden einzugehen, um mit den verschiedenen Bach-Blüten-Essenzen hilfreich eingreifen zu können.

Generell lassen sich die Bach-Blüten in ihren Seelenkonzepten in sieben große Gruppen einteilen. Damit ist ein grober Raster geschaffen, der eine Auswahl der richtigen Blüten für die jeweiligen Situationen vereinfacht.

Behandeln mit Vorsicht

Der tatsächliche Seelenzustand muß aufgedeckt werden

Die menschliche Seele und die daraus resultierenden Verhaltensmuster sind sehr vielschichtig, und was manchmal vordergründig und eindeutig erscheint, überlagert oft nur den tatsächlichen Seelenzustand. Die Diagnose komplexer Probleme ist nicht so einfach, und man benötigt dazu eine ganze Menge an Erfahrung und Reife, um in diesen Fällen wirklich hilfreich eingreifen zu können.

Als unerfahrener Bach-Blüten-Behandler sollte man bei solchen Problemstellungen stets vorsichtig sein und im Zweifelsfall einen erfahrenen Therapeuten zu Rate ziehen.

Was ist bei der Diagnose zu beachten?

Bei der Fremddiagnose muß man sich sehr konzentriert auf sein Gegenüber einstellen und ihn mit viel sensitivem Gespür und Aufmerksamkeit in seiner Gesamtheit erfassen. Anfangs kann es einem schwer fallen, sich in einen anderen Menschen hineinzuversetzen oder gar sein Gefühlsleben nachzuempfinden. Aus diesem Grund muß man den Versuch unternehmen, das Gesagte richtig zu interpretieren, auch zwischen den Zeilen zu lesen, um in die Gefühlssituation des Patienten hineinzuwachsen.

Das Gesagte bedarf der richtigen Interpretation

Der Patient sollte die Möglichkeit haben, sich mit Vertrauen vor seinem Therapeuten zu öffnen. Er muß das Gefühl haben, daß man ihm wirklich zuhört und daß man seine Probleme ernst nimmt. Oft ist auch eine harmonische Umgebung wichtig, um die nötige Stimmung für ein solches Gespräch herzustellen. Dem Betroffenen muß die Möglichkeit gegeben werden, alles sagen zu können, ohne dabei unterbrochen zu werden, damit wirklich jedes Detail an den Tag gebracht wird. Empfindungen werden oft nur vage angedeutet oder umschrieben. Manche

Eine harmonische Umgebung ist wichtig für den Patienten

Menschen haben auch ein enormes Problem, sich zu äußern. In diesem Fall müssen Sie die Initiative übernehmen und die richtigen Fragen stellen. Die Fragen dürfen nicht so formuliert sein, daß der Betroffene mit einem simplen »Ja« oder »Nein« antworten kann, da es sonst nie zu einer Formulierung seines Seelenzustandes kommen wird. Es ist also entscheidend, den Patienten aus sich herauszulocken, ihn zum Erzählen zu animieren. Die Beobachtungsgabe ist wichtig für die oft versteckten Hinweise über das wahre Seelenpotential des Patienten: Ist der Betroffene wirklich ängstlich und unsicher oder verhält er sich so aufgrund der momentanen Situation, des vielleicht unangenehmen Gesprächs? Ist er wirklich überheblich oder versucht er damit nur, seine Unsicherheit zu überspielen? Ist er von Natur aus freundlich und immerzu lächelnd, trotz seiner Probleme, oder versucht er damit nur, von seinem Inneren abzulenken? Solche Verhaltensmuster gilt es zu beurteilen, um den richtigen Ansatz in der Therapie zu finden.

Der Patient soll zum Erzählen animiert werden

Oftmals muß zuerst etwas gegen die zur Schau gestellten Eigenschaften unternommen werden, bevor man sich den eigentlichen Problemen zuwenden kann. Die Mauer, die der Patient um sich aufgebaut hat, muß Stück für Stück abgetragen werden, um zu seinem wahren Kern zu gelangen. Dazu gehört eine Menge Einfühlungsvermögen und viel Vertrauen, das der Patient Ihnen entgegenbringen sollte, und nicht zuletzt eine stimmungsvolle Umgebung, in der er sich wohl fühlt.

Verzeichnis der Bach-Blüten

Affirmationen

sind eine sinnvolle Ergänzung zur *Bach-Blüten-Therapie*.

Sie geben Mut, Vertrauen und Trost.
Der Autor, Jörg Linditsch, hat speziell für dieses Buch eine Auswahl an Affirmationen zusammengestellt.

Gegen Einsendung eines mit 2,- DM frankierten Rückumschlages schicken wir Ihnen diese gerne zu. Unsere Adresse:

Verlag Peter Erd
Stichwort »Bach-Blüten«
Postfach 75 09 80

D-81339 München

Matthias Mala

Weiße Magie

kartoniert, ca 128 Seiten
ISBN 3-8138-0386-4

365 schützende und stärkende Praktiken

Weiße Magie kann jedem nützlich sein, dem folgendes nicht unbekannt ist: Tage, die einem wie verhext erscheinen; Räume mit unguter Atmosphäre, die einen in die Flucht schlagen; Mitmenschen, die wie Vampire von unserer Seelenkraft zehren.
Solche Begebenheiten mögen wir entweder dem unabänderlichen Lauf der Welt zurechnen, oder wir erfassen sie als das, was sie sind, nämlich negative Energien, die wir uns durchaus vom Leibe halten können. Hierzu bedarf es allerdings einer Gegenkraft: der weißen Magie. Durch sie werden positive Kräfte angesprochen und zielgerichtet gegen eine destruktive Macht gelenkt. Mit ihrer Hilfe entschlacken wir unser Gemüt und verschaffen uns eine harmonische Atmosphäre.
Dieser Ratgeber führt den Leser in die Kunst der weißen Magie ein und macht ihn mit zahlreichen Fertigkeiten vertraut, durch die er sich einen magischen Schutzschirm aufspannen kann. Auch werden ihm praktische Hinweise gegeben, wie er alltäglichen Fährnissen auf magische Weise Herr werden kann. So etwa, wie man sich eines unliebsamen Verehrers entledigt! Wie man Sicherheit vor gefürchteten Begegnungen erlangt! Wie man seinem Glück auf die Sprünge hilft!

Bücher aus dem Peter-Erd-Programm finden Sie überall im Buchhandel.
Fordern Sie das kostenlose Gesamtverzeichnis an bei:
Verlag Peter Erd · Gaißacher Straße 18 · 81371 München
Telefon (089) 7253004 · Fax (089) 7250141